죽음이해를 통한
생명존중교육

워크북

초등학교 교사용

신창호
백미화
권선향
우버들

감수 임병식
신경원

박영story

추천사

    우리는 모두 죽어간다. 우리의 아이들도 크로노스의 시간 안에서 그 궤적을 함께하며 죽음을 향해간다. 자신의 죽어감, 그리고 타인의 죽음을 경험하는 사별은 모두 "상실"의 영역에 속한다. 이러한 상실은 역설적이게도 엄마의 안전한 몸에서 분리가 되어 독립된 생명이 '획득'되는 순간으로부터 시작된다. 삶과 죽어감이라는 기묘하고 역설적인 공존 속, 우리의 삶은 연속적으로 발생하는 크고 작은 상실을 통해 담금질 되며 이로써 우리는 성장한다.

    견딜 수 없는 고통, 어찌 해야 할 바를 모르는 한계상황, 이 모든 과정과 그로 인해 우리 삶에 자리 잡는 결과물은 그것이 성장이든 역행이든 상실의 또 다른 이름이다. 우리는 상실을 통해 존재의 고귀함과 소중함을 알게 된다. 이 책은 어린이들이 참된 삶의 기술을 실천하는 방법과 후배들에게 지혜로운 가르침을 줄 수 있는 어른이 되어가는 과정에서 반드시 배워야 하는 죽음이해교육의 실제를 말하고 있다.

고려대학교 지혜과학연구소 죽음교육연구센터 수석연구원, FT(Fellow in Thanatology) 신경원

차 례

PART 01 죽음이해교육의 이론

PART 02 죽음이해교육의 실제

PART 03 죽음이해교육의 적용

죽음이해교육의 이론

머리말-누구를 위한 책인가

이 책은 초등학생에게 죽음이해를 통한 생명교육을 하고자 하는 교사, 부모, 보호자 등에게 권장된다. 코비드(COVID)－19 팬데믹 시기임에도 교보교육재단에서는 인성교육과 관련한 현장연구를 지원하였다. 본 워크북은 그 보고서를 기초로 내용을 보완한 것이다. 죽음이해교육은 생명존중교육, 삶과 죽음의 교육, 트라우마(외상)치료교육 등을 총칭하는 의미이다. 미래에 다가올 죽음이라는 사태를 오늘의 나의 삶으로 가져와 생각해볼 때 물질과 경쟁, 성공이라는 요소를 넘어서 삶의 본질, 삶의 소중함과 가치, 삶의 의의를 돌아보게 되며, 그 결과 인생관, 가치관에 크게 영향을 받게 된다. 그러나 오늘날의 학교 현장에서는 죽음이라는 단어조차 언급하기를 꺼려하고 거부하여 학생들은 죽음에 대한 이해와 인식을 올바르게 하지 못하는 어려움에 처해 있다. 그럴 경우 죽음에 대해 지나친 두려움이나 공포를 갖게 되거나 정반대로 환상을 갖게 되는 경향을 초래하기도 한다(Nelson, M. 1979). 그 결과 자신에게도 닥쳐오게 될 삶의 유한성, 한계성을 인식하고 자기 존재에 대한 소중함과 삶의 의미를 깨닫고, 충실하게 살아갈 수 있는 성찰의 기회를 놓치게 된다(신창호, 2019).

우리나라는 급격한 고령화와 OECD 국가 중 자살률 1위의 오명으로 인해 삶과 죽음에 대해 사회적으로 고민해야 할 필요성이 크다. 더구나 IT기술의 발달로 인해 폭력적인 인터넷게임이나 웹소설 등에 이른 시기부터 노출되어 자칫 생명을 경시하거나 죽음에 대한 왜곡된 인식을 갖게 될 수 있는 환경에 놓여있다. 동시에 크고 작은 사건, 사고 등에 항상 노출되어 있어 누구나 죽음을 말하고 있으면서도 누구도 죽음을 말하지 않는 문화에 처해있다. 그 결과 우리는 가까운 가족이나 사랑하는 대상을 잃었을 때 그 상실의 슬픔을 어떻게 대면하고 대처해야 할지 모른 채 고통과 절망에 빠지게 된다. 어린이들 또한 죽음이나 상실을 겪을 때 어른들과 같은 정도 혹은 그 이상의 슬픔을 경험하게 된다. 이해와 표현 방식에서 어른들과 차이가 있을 뿐, 상실과 슬픔으로 인한 고통, 죄책감, 분노는 다를 바 없다. 사건에 대한 인과관계에 대한 이해가 어른과 다르다 하더라도 어린이들이 겪는 슬픔의 강도나 상실에 따른 영향을 과소평가해서는 안 된다. 어린이들도 상실을 겪을 때 애도할 수 있어야 하고, 누군가 상실을 겪었을 때 애도가 필요하다는 것을 이해하며 존중해야 함을 알아야 한다. 성별과 상관없이 슬플 때 울어도 된다는 것, 그 상실이 자신 때문에 일어난 것이 아니라는 것 등을 누군가 이해시켜줘야 한다.

이 책은 생명의 소중함과 존중, 상실과 슬픔 등과 관련하여 교육현장에서 적용할 수 있는 다양한 활동을 제공한다. 어린이들이 간접적으로 접하게 되는 다양한 죽음뿐만 아니라 직접 겪게 되는 가족이나 친구, 반려동물의 상실 등에 대해 어른들과 이야기하고 무엇을 의미하는지 알고 싶어 할 때, 이 책은 교사(혹은 부모)들이 이러한 질문에 답변할 수 있게 도움을 줄 수 있다. 생명에 대한 의문, 상실과 죽음에 직면한 어린이들의 요구에 대한 이해와 교실현장에서 적용 가능한 교사(혹은 부모)의 태도와 활동을 제시해준다. 그런 의미에서 어린이 돌봄에 귀중한 자료가 될 수 있을 것으로 기대된다.

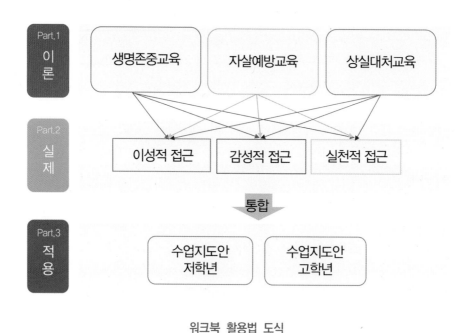

워크북 활용법 도식

Ⅱ 죽음이해교육의 이론적 배경

1. 생명존중교육

20세기 후반 이후, 환경파괴와 오염이 표면화됨에 따라 생명에 대한 관심은 나와 타인 또는 개인과 타생명의 관계를 넘어서서 개발중심의 폭력적인 문명 자체에 대한 반성으로 확장되었다. 교육현장에서는 생명의 아픔에 대한 공감능력을 함양하여 생명의 존엄성에 대한 이해를 높이고, 너와 나의 상호의존성을 존중하는 공감적 공동체를 형성하고자 하였다. 이를 통해 환경위기와 생태적 혼란을 넘어서 생명의 문화를 이룰 수 있는 인식과 감수성을 생명존중교육을 통해 길러주었다.

생명을 소중하게 생각하는 생명존중교육은 죽음에 대한 교육과 밀접한 연관을 갖는다. 아동·청소년들을 대상으로 하는 죽음이해교육은 삶을 보다 진지하고 성실하게 살아가도록 이끄는 데 그 목적이 있다. 따라서 죽음의 본래성을 이해할 수 있도록 돕는 교육은 결과적으로 삶을 보다 소중하게 가꾸기 위한 생명존중교육이기도 하다. 이런 점에서 인성교육과도 접점을 같이 한다. 인성교육에서 말하는 바람직한 인성은 자신을 소중히 여기며 다른 사람 또한 존중하고 배려하는 마음가짐을 포함하며, 나아가 모든 생명체, 우리가 살아가는 주변 환경까지 아끼는 마음을 갖게 한다. 이러한 배려의 마음가짐의 근본은 생명존중사상이다. 또한 생명존중교육은 관계성을 지향한다. 다른 사람의 존재도 나와 똑같이 소중히 여기고 배려, 존중하는 선한 의지를 갖게 하는 것이 생명존중교육의 근본정신이다. 여러 연구들은 인성이 고정불변한 특정요소가 결정짓는 것이 아닌 사회적 관계 속에서 드러나는 것임을 공통적으로 강조하고 있다. 남을 배려하고 서로를 존중하는 관계는 공존을 위해 갖추어야 할 가장 기본적인 품성이며 여기에는 생명에 대한 존중심이 필수적이다. 생명의 소중함에 대한 관점을 새롭게 하고 생명 경시 풍조에 대한 문제점을 탐구하는 작업이 필요한 이유이다.

2. 자살예방교육

자살을 바라보는 시각은 다양하다. 기독교에서는 신의 선물을 고의적으로 파괴하는 것으로 간주하여 자살을 죄악시한다. 칸트와 같은 일부 철학자들은 자살이 잘못된 것이라는 데 동의한

데 반해, 스토아학파는 자신의 삶을 끝내는 것이 모든 사람의 권리라고 생각했다. 사회학자들은 자살을 사회적 조건의 맥락에서 보는 경향이 있다. 자살의 원인에 대해 많은 연구들은 자살 발병률과 다양한 사회학적, 생물학적 요인 사이의 관계를 지적하였다. 그러나 누가 자살을 하고, 누가 자살하지 않을 것인지를 예측하는 효과적인 방법은 여전히 발견되지 않았는데 그 이유 중 하나는 모든 자살이 개별적 특성을 가지기 때문이다. 자살을 하는 개인의 관점에서 볼 때는 자살은 참을 수 없는 심리적 고통을 없애려는 목적이 있다. 그들은 앞으로 나아갈 수 있는 유일한 방법이 자살인 것처럼 보이는 지점에 도달한다. 어쩌면 죽는 것이 아니라 고통에서 탈출하는 것이 목적이며, 이 과정에서 죽는 것은 피할 수 없는 부산물에 불과할 수 있다. 사별, 중요한 관계의 파탄, 실직으로 인한 재정문제, 스트레스, 건강악화, 불치병 등 다양한 이유가 복합적으로 얽혀 있다.

그 중 아동·청소년 자살은 성인의 자살과는 다른 독특한 특성들이 나타난다. 정신질환으로 인한 경우보다는 가족이나 친구관계에서 느끼는 분노, 좌절 등 심리적 스트레스나 위기감으로 인해 유발될 수 있다. 그리고 대부분이 사전계획 없이 시도되며 충동적으로 일어나는 경우가 많다. 또한 아동·청소년 자살은 다른 연령층에 비해 자신의 내적 동기보다 외적 요인에 영향을 받기 쉬워 모방자살이나 동반자살을 시도하는 경우가 성인들보다 더 많다(황순길 외 2명, 2017: 10-11). 이는 청소년기의 발달적 특성과 밀접한 관련이 있다.

아동·청소년 자살은 사전 예방이 절대적으로 중요하다. 예방에서 가장 중요한 것은 자살로까지 이르지 않도록 정신적인 건강과 회복력을 통해 안정과 균형을 유지하는 것과 자살 행동이 발생하기 전에 위험성을 조기에 발견하는 것이다. 따라서 자살예방교육을 통해 긍정적인 자존감을 형성하는 것과 정신적인 고통이나 변화와 스트레스를 이해하고 대처할 수 있는 방법을 알고 실천하는 능력을 기르는 것이 중요하다. 위기 상황 시 부모나 학교 등에 도움을 요청할 수 있어야 하고 적절한 대처와 대응이 이루어져야 한다.

3. 상실대처교육

인간의 삶은 상실의 연속이다. 우리가 어머니의 몸속에서 분리되어 이 세상으로 나오는 순간부터가 상실의 시작이다. 성장하여 유치원이나 학교에 가는 것도 부모로부터 일시적으로 이별하는 것이며, 이사로 인해 친구나 이웃과의 헤어짐도 상실이다. 이러한 작은 상실에서부터 크게는 부모의 이혼, 학교에서의 왕따, 연인과의 이별, 사회적인 직업이나 지위에서의 이탈 등까지 우리는 다양한 상실을 겪으면서 살아간다. 하지만 그 중에서도 가장 큰 슬픔과 충격을 주는 상실은 사랑하는 가족 혹은 의미 있는 타자와의 사별일 것이다. 어린이들이 겪을 수 있는 조부모 혹은 부모와의 사별, 반려동물과의 이별은 가장 크고 고통스러운 상실이 된다. 더구나 세월호 침몰과 같은 일련의 치명적인 사고나 대형화재, 재난 등으로 인해 집단적인 슬픔에 빠지는 사건들도 종종 발생한다. 이로 인해 학부모나 교사가 학생들이 죽음과 사별에 직면하여 애도할 수 있도록 준비해야 할 필요성이 강조되어 왔다.

죽음은 존재에서 '더-이상-존재하지-않음'으로 이행되는 것이고 '주소를 남기지 않는 떠남'이다. 따라서 소중한 이들의 죽음은 자신의 일부를 잃은 듯한 아픔과 큰 상실감을 주게 된다. 이러한 충격은 신체, 정신, 정서에 영향을 미치게 되는데, 이 충격으로 인한 고통은 신체적이든 정신적이든 정서적이든 어떤 한 측면에서 시작하여 항상 다른 측면으로 전달되게 된다. 따라서 상실과 사별로 인한 고통을 일찍 다루면 다룰수록 다른 측면으로 전이될 가능성이 줄어든다. 교육이 삶에서 겪게 되는 고통의 예방, 혹은 현명하게 대처할 수 있는 잠재력을 개발하기 위한 것이라고 할 때, 상실과 죽음이 삶의 연속과정이며 모든 존재에게 피할 수 없는 불가피한 사건이지만 이 또한 성장의 기회로 인식하도록 도와줘야 한다.

상실이 발생했을 때 애도가 잘 이루어지지 않으면 여러 문제가 발생할 수 있다. 건강하지 못한 애도의 경우는 이런 고통을 잊기 위해 대체물을 찾고 그 대체물에 중독되어 갈 수 있다. 인터넷게임, 담배, 약물 등에 빠질 수 있으며 다른 학생들을 괴롭히는 가해자가 혹은 다른 학생들로부터 괴롭힘을 당하는 피해자가 되기도 한다. 심각한 우울증 같은 경우 나중에 또 다른 상실이 발생했을 때 더욱 더 촉발될 위험이 있다. 그렇기 때문에 죽음과 같은 상실을 건강하게 극복할 수 있도록 도와줘야 한다. 그러나 교사와 학부모는 어린이들이 죽음이라는 사실로부터 보호되어야 한다는 믿음으로 '죽음'이라는 단어조차 언급하기를 꺼려한다. 이러한 태도는 오히려 어른들의 두려움에서 비롯된 현상일 수도 있다. 실제로는 어린이들도 어린 나이부터 죽음에 대한 관심을 갖고 있지만 어른들로부터 '죽음에 대해서는 함구해야 한다는 것을 배운다.'(Fredlund, D. J. 1977)

아동, 청소년에 대한 죽음인식교육이 학생들의 발달 상태에 알맞게 이루어질 때 죽음에 대한 두려움과 불안을 줄여줄 수 있다. 죽음을 삶의 자연스러운 과정으로 수용할 수 있을 때, 비로소 상실이나 사별을 새로운 시작을 위한 기회로 여길 수 있다. 따라서 상실과 사별에 대한 대처능력을 키워주는 것은 삶을 위한 준비가 되는 것이다. 우리는 상실을 피할 수 없으며 상실과 함께 살아가야 한다. 상실에 직면할 수 있도록 돕고 학생들이 원하는 만큼 자신의 상실에 대해 이야기할 수 있어야 하고, 자신이 잃은 것이 자신에게 특별하고 소중한 이유를 이야기하도록 해야 한다. 상실과 죽음을 관계의 단절이라고 할 때 이러한 단절 경험 시에 건강하게 대처 (coping)하고 바르게 회복할 수 있도록, 탄력성(resilience)을 키우는 방식을 익히는 것이 죽음이 해교육의 중요한 부분이 된다(임병식, 2019).

Ⅲ 죽음이해교육의 기본원리

◎ 지적·사회적 발달 단계 고려의 원리

지적·사회적 발달 단계에 대한 고려의 원리가 필요한 이유는 가르침의 대상이 되는 학생들의 인지적·사회적 발달 단계를 고려하여 그 특성에 맞는 적절한 교육이 이루어져야 하기 때문이다. 사회적 발달에 관한 이론에 따르면, 초등학교 저학년에서는 사회적·도덕적 가치 규범을 제시한 뒤 이를 모방하거나 수용하게 한다. 그리고 칭찬이나 보상과 같은 강화 기제를 적절히 활용하면서 반복 실천하게 하는 것이 효과적이다. 점차 고학년이 되면서 합리적 이해를 통해 스스로 판단한 뒤에 이를 실천으로 옮기게 도와주는 것이 좋다.

◎ 인지화의 원리

인지화의 원리란 수업을 통해 무엇이 옳고 좋은지에 대한 지적인 기반을 잘 마련해야 한다는 것을 의미한다. 따라서 어떤 판단을 하기 위해서는 그것이 왜 옳은지 또는 그른지에 대한 판단을 할 수 있어야 하며 이에 대한 근거를 명확하게 알 수 있어야 한다. 이런 과정을 제대로 거치기 위해서는 판단할 수 있는 자료와 지적인 기반을 제공하고 이를 통해 합리적으로 의사결정을 할 수 있는 방향제시가 필요하다.

◎ 심정화의 원리

심정화의 원리는 어떤 도덕적·사회적 가치 규범과 관련하여 이를 지적으로 이해하고, 어떠한 사태에 대해 바르게 판단하는 정도를 넘어서 그것을 기꺼이 실천하고 지키고자 도와주는 것을 의미한다. 이렇게 다시 한 번 의욕과 열정 그리고 의지를 가지고 자신이 아는 것을 확인할 때 행동으로 옮겨질 확률 또한 높아질 수 있으며 행동화할 수 있는 토대가 마련된다.

◎ 행동화의 원리

행동화의 원리는 교사가 학습 지도 과정에서 학생들로 하여금 어떤 가치를 판단하고 이를 실천하고자 하는 의지를 지니게 한다. 이를 바탕으로 실생활에서 실천할 수 있도록 필요한 행위 성향을 증진시킨다. 아무리 어떤 것이 옳다고 판단하고 이를 실천하기 위해 마음을 먹었더라도 이를 실제로 행하지 않는다면 학생의 실생활에 있어 실질적 도움을 주기 어렵다. 따라서 교사는 학생들이 실제로 행할 수 있는 연습의 기회와 계기를 마련해주어야 한다.

◎ 통합성의 원리

통합성의 원리란 가치 규범을 교육할 때, 인지·정서·실천적 측면이 조화롭게 형성되도록 교수 학습 방법과 과정을 고려하는 원리를 말한다. 앞서 살펴본 인지화, 심정화, 행동화의 원리에 입각하여 수업이 조화롭고 통합적으로 구성되어야 교육의 효과를 극대화시킬 수 있다. 한 가지 원리에만 치중한다면 균형 있는 앎에 이르지 못하고 실생활의 변화를 이끌어내기 힘들 수 있다.

〈출처〉 6학년 도덕 교과 교사용 지도서

Ⅳ 죽음이해교육에 유용한 교수 · 학습방법

◎ 하브루타를 통한 독서토론

죽음교육을 위한 교수법으로 하브루타 독서토론을 소개하는 이유는 죽음교육은 가르침보다는 배움이 중심이 되어야 하기 때문이다. 죽음교육을 통해 삶과 죽음을 생각하면서 개개인이 누구와도 바꿀 수 없는 소중한 인생을 살고 있음을 인식하고 인간다운 삶에 대한 의미를 깨닫게 된다. 생명의 소중함, 타인과의 관계, 살아가는 고통과 기쁨, 보다 잘 사는 것의 의미, 삶과 죽음의 의미, 인간의 태어남과 사라짐 등 여러 주제들을 교사가 일방적으로 가르치는 것이 아니라 학생들이 함께 생각하는 기회를 제공해야 한다. 하브루타 학습법은 두 사람, 많게는 서너 사람이 서로 질문하고 대화해 나가는 과정이 핵심이다. 정답을 찾기보다는 다양한 생각이나 질문을 서로 이어나가고, 그에 대해 서로 또 대답하고 질문하면서 생각을 발전시켜 나가는 과정이다. '질문하고 생각하고 토론하고 실천하라'라는 과정으로 진행되는 이 학습법으로 학생들은 삶과 죽음에 대해 질문하고 그 질문에 대한 답을 주체적으로 짝과 함께 찾아 나가면서, 자신의 생각과 타인의 생각을 비판적으로 숙고할 수 있다. 따라서 하브루타 수업은 모든 학생이 한 사람도 빠짐없이 수업 내용에 대해 주체적으로 사고하고 참여하도록 하므로 생명의 소중함과 생의 의미를 재고하면서 궁극적으로 자기존중감과 자기 효능감을 높이는 데 기여하게 된다.

하브루타 수업은 세갈(Segal, A. 2003), 켄트(Kent, O. 2010) 등에 의해 교육 철학적 관점과 교수 · 학습 모형으로서의 적용과정을 통해 연구가 활발하게 전개되었다. 켄트(Kent, 2010)에 의하면 하브루타 학습은 세 단계로 진행된다. 첫째는 '경청하기(listening)'와 '재확인하기(articulating)'로 이 단계가 가장 중요한 기능을 한다. 경청하기는 관심을 갖는 것이며, 재확인하기는 학생 스스로 생각을 분명하게 표현하는 것을 말한다. 둘째는 '반문하기(wondering)'와 '집중공략하기(focusing)'이다. 주의를 집중하여 대안들에 대해 탐색을 시도하는 것이다. 이 과정을 통해 논의의 방향이 설정된다. 셋째는 '지지하기(supporting)'와 '도전하기(challenging)'로 결론에 도달하지 못한 문제들에 대해 자신의 생각을 명료화하고 확장시키도록 하는 단계이다. 각 학생들은 자신의 생각을 분명하게 만들 수 있다(장봉석, 2018: 4).

하브루타를 활용한 수업은 다양한 절차와 형태가 있다. 그중에서 질문중심 하브루타 수업모형의 경우는 하브루타 교육협회가 제안한 것으로 현장에서 매우 보편적으로 활용되고 있는 모

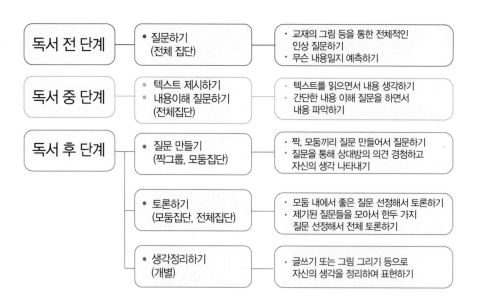

독서 전 단계	• 질문하기 (전체 집단)	• 교재의 그림 등을 통한 전체적인 인상 질문하기 • 무슨 내용일지 예측하기
독서 중 단계	• 텍스트 제시하기 • 내용이해 질문하기 (전체집단)	• 텍스트를 읽으면서 내용 생각하기 • 간단한 내용 이해 질문을 하면서 내용 파악하기
독서 후 단계	• 질문 만들기 (짝그룹, 모둠집단)	• 짝, 모둠끼리 질문 만들어서 질문하기 • 질문을 통해 상대방의 의견 경청하고 자신의 생각 나타내기
	• 토론하기 (모둠집단, 전체집단)	• 모둠 내에서 좋은 질문 선정해서 토론하기 • 제기된 질문들을 모아서 한두 가지 질문 선정해서 전체 토론하기
	• 생각정리하기 (개별)	• 글쓰기 또는 그림 그리기 등으로 자신의 생각을 정리하여 표현하기

하브루타 토론 수업

형이다. 이 모형에서는 수업의 시작이 '질문 만들기'이며, 이렇게 만들어진 질문들은 수업 활동 간 연결고리가 된다(민형덕, 2015). 즉 학생들이 본문을 읽고 나서 질문을 만들어 짝과 일대일 토론을 한 다음, 좋은 질문을 선택하고, 선택된 그 질문으로 모둠끼리 토론을 하고, 모둠은 다시 가장 좋은 질문을 뽑아서 집중토론을 한다. 모둠은 집중토론 내용을 정리 발표하고, 학생들이 선택한 질문을 중심으로 전체 학생과 교사가 토론을 하는 '쉬우르' 단계로 이어지게 된다(김정숙·이순아, 2015: 516). 이상에서 보는 바와 같이 배움중심교육을 향한 하브루타 수업법은 질문형, 토의 토론형 교수법이다.

토론수업 중에서도 독서토론은 보다 용이하게 토론을 이끌어내고 생각을 확장할 수 있다는 장점이 있다. 독서토론은 독서를 통해 책의 내용을 깊게 이해하며 관심사를 찾아서 토론함에 있어 자신의 생각과 남의 생각을 정리하여 들어보게 된다. 책에 관한 자료를 수집하고 그것에 대한 의미의 생산과 함께 깊은 사고를 하는 과정 중심의 학습이 이루어질 수 있다. 또한 독서를 통해 읽기와 토론을 통한 말하기 그리고 쓰기까지 합쳐진 통합된 능력이 신장될 수 있다. 간접 체험을 통해 사고의 유연성을 기르고 글쓰기 내용을 쉽게 마련하며 독창적인 생각에 근거를 댈 수 있는 허용적 토론 환경 속에서는 창의적 사고력이 더욱 확장될 수 있다(서미경 외, 2011: 104).

본 교재에서는 이를 응용하여 크게 독서 전 단계, 독서 중 단계, 독서 후 단계의 3단계로 구성하였다. 전체 수업은 독서활동 중심으로 구성하면서 하브루타 토론 수업은 주로 독서 후 단계를 중심으로 이루어진다.

◎ 일기, 편지쓰기

죽음이해교육에서 글쓰기는 적극 활용되는 방법이다. 주로 일지(journal)나 일기(diary)쓰기를 많이 사용한다. 자신의 생각이나 감정을 글이나 그림 형식으로 기록하는 것은 후에 그것에 대해 말로 표현할 수 있는 '기반'이 되므로 심리적으로 중요한 의미를 갖는다. 또한 글을 쓰면서 자신의 감정이나 생각을 진솔하게 돌아볼 수 있고 정리할 수 있어서 슬픔에 대처하는 마음을 기르는 데 매우 효과적인 수단이 될 수 있다. 특히 어린이들의 경우 중요한 사건이나 경험으로 인해 유발되는 자신의 감정을 말로 표현하는 것에 어려움을 겪는 경우도 흔하다. 상실과 관련하여 누군가와 공유하고 싶지 않은 자신만의 비밀을 간직하고 싶어 하는 경우도 있다. 일기쓰기 혹은 그림그리기는 이러한 어린이들에게 유용한 방법이 될 수 있다. 사별했을 경우 고인에게 혹은 상실한 대상에게 편지쓰기는 상실자와의 연결을 회복하는 데 도움이 된다.

또한 동화책이나 그림책, 시 등을 읽은 후 창의적 글쓰기를 통해 상실을 겪은 사람의 고통이나 슬픔에 대한 공감능력을 키울 수 있다. 그 작품 속에 등장하는 사람들의 감정은 어떠했는지, 그 감정이 얼마나 오랫동안 지속되었는지, 그 당시에 도움이 될 수 있었던 어떤 것 혹은 누군가가 있었는지에 대해 토론할 수 있다. 책 속의 주인공에게 편지를 써주는 활동, 또 책 속의 유가족에게 위로의 편지를 쓰는 활동은 공감뿐만 아니라 자신이 상실을 겪게 될 때 대처할 수 있는 기반이 될 수 있다. 비슷한 감정을 느꼈던 적이 있었다면 경험했던 감정을 다시 상기시켜 그 슬픔을 어떻게 극복할 수 있었는지 써보도록 하는 표현적 글쓰기 등도 유용한 활동이다.

◎ 상황, 감정 말하기

인간은 말을 하는 존재다. 말을 한다는 것의 의미는 우리 내면의 의식을 언어로 표현한다는 것이다. 일반적으로 상실을 경험한 사람에게 형성된 고통은 말을 통해서 재현된다. 현재의 심상에서 자신이 앞으로 어떻게 될 것인가를 예감하면서 과거의 사건을 현재의 관점에서 떠올려 회상(재구성 – 선택, 비교, 판단)하게 되면 이전에 몰랐던 사건의 전모를 인과적으로 이해하게 된다(프로이트의 사후성이론). 상실을 경험한 어린이들은 문화에 따라 혹은 가정 분위기에 따라 본인이 품게 되는 복잡한 감정이나 슬픔을 제대로 표현하지 못할 수도 있다. 또 일상적인 과업으로 인해 충격과 고통이 묻히게 되어 그대로 억압될 가능성도 있다. 형제나 자녀의 사망을 경험하게 되면 부모는 자신들도 이 상황을 받아들이기가 힘들기 때문에 생존 자녀의 슬픔을 보듬을 경황이 없다. 이럴 때 학교에서 교사가 학생의 상실을 인지하였다면 그 학생의 충격, 슬픔, 고통을 말로 표현할 수 있는 기회를 주어야 한다. 프로이트에 의하면 고통은 기억의 흔적이 억압되어 합리적 이해와 적합한 언어로 표상되지 못해 나타난다. 어린이들이 받은 충격을 후련하게 풀어내지 못할 경우 다른 대체물로의 전이를 통하여 충격의 이미지를 왜상된 이미지로 변형시켜 내적 안정화를 꾀하는 경향을 보인다(임병식, 2021).

따라서 어린이들이 심각한 상실이나 죽음을 경험했을 때는 그때의 상황이나 그때의 감정을 다시금 불러일으켜 말하게 해야 한다. 언어를 매개로 이루어지는 대화는 타자를 전제로 한다. 따라서 나의 아픔을 누군가 들어주고 나의 상실의 고통을 말하도록 허용해주는 타자가 있음을 인지하는 것만으로도 어린이들은 치유의 발을 내딛게 된다. 이러한 과정은 자신의 소중함을 깨닫게 되고 상실을 경험한 다른 사람을 배려하고 그 사람의 감정을 존중해줄 수 있게 된다. 나아가 모든 생명체의 소중함을 인식할 수 있는 인성을 형성할 수 있는 계기도 될 수 있다.

죽음이해교육의 실제

Ⅰ 초등학교 교육과정에서 본 죽음이해교육

1. 생명존중교육의 의무화

생명존중 의무교육은 생명존중위원회를 구성·운영하여, 학생은 분기별 1회 이상 실시(연간 6시간, 학기 초 실시)해야 한다. 교원은 연간 4시간 이상 연수 참여(원격연수 가능)해야 하며, 학부모는 연간 1회(1시간), 학기 초에 집중 실시하도록 하고 있다. 코로나19 상황으로 학생, 교원 교육은 온라인, 원격으로 가능하며, 학부모 교육은 온라인, 유인물로 대체 가능하다(2021년 서울시교육청 생생포털, http://naver.me/5Vej7uc8).

대상 및 교육시간	근거 법률
<ul><li>생명존중위원회(학생자살위기관리위원회) 구성 운영</li><li>(학생) 분기별 1회 이상 실시(연간 6시간, 학기 초 실시) － 교육과정과 연계한 교과, 창체 시간 지도</li><li>(교원) 연간 4시간 이상 연수 참여(원격연수 가능)</li><li>(학부모) 연간 1회(1시간), 학기 초 집중 실시</li></ul>	자살예방 및 생명존중문화 조성을 위한 법률 제17조 서울특별시교육청자살예방 및 생명존중문화 조성을 위한 조례 제3조 및 제8조 교육부 2017년 학생자살예방대책 시행계획

2. 초등학교 교육과정의 죽음이해교육

1) 생명존중교육과 관련된 교육과정

영역	교과		단원	본 책의 관련 활동
나	1	안전	3. 신변안전 － 소중한 나	생명존중교육 － 이성 － 활동1,2 생명존중교육 － 감성 － 활동1,2,3
	2－1	봄	1. 알쏭달쏭 나	
	2－1	여름	2. 초록이의 여름 여행	
	2	안전	3. 신변안전 － 소중한 우리	
	3－2	국㉯	5. 마음을 담아 글을 써요	
	3	도덕	1. 나와 너, 우리 함께	
	4－1	국㉮	1. 느낌을 살려 말해요	

영역	교과		단원	본 책의 관련 활동
	4	도덕	3. 아름다운 사람이 되는 길	
	5-1	국㉯	10. 주인공이 되어	
	5	도덕	3. 긍정적인 생활	
	5	실과	6. 일과 직업 탐색	
	6-2	국㉮	4. 효과적으로 발표해요	
	6-2	과학	4. 우리 몸의 구조와 기능	
	6	도덕	1. 내 삶의 주인은 바로 나	
타인 및 사회	1-1	봄	1. 학교에 가면	
	1-1	여름	1. 우리는 가족입니다	
	1-2	가을	1. 내 이웃 이야기	
	1-2	겨울	2. 우리의 겨울	
	1-2	국㉯	6. 고운 말을 해요	
	2-1	여름	1. 이런 집 저런 집	
	2-2	가을	1. 동네 한 바퀴	
	2-2	국㉯	8. 바르게 말해요	
	3	도덕	3. 사랑이 가득한 우리 집	
	3-2	사회	1. 환경에 따라 다른 삶의 모습	
	3-2	사회	2. 시대마다 다른 삶의 모습	
	3-2	국㉯	5. 바르게 대화해요	생명존중교육-이성-활동7
	4-1	국㉯	8. 이런 제안 어때요	
	4-2	국㉮	3. 바르고 공손하게	
	4-2	사회	2. 필요한 것의 생산과 교환 3. 사회 변화와 문화의 다양성	생명존중교육-감성-활동3,4
	4	도덕	1. 도덕 공부, 행복한 우리 2. 공손하고 다정하게 6. 함께 꿈꾸는 무지개 세상	
	5	도덕	2. 내 안의 소중한 친구	
	5-1	국㉮	5. 글쓴이의 주장	
	6-1	사회	2. 우리나라의 경제 발전	
	6-2	국㉮	3. 타당한 근거로 글을 써요	
	6-2	사회	1. 세계 여러 나라의 자연과 문화	
	6	도덕	4. 공정한 생활	
자연	1-1	봄	1. 학교에 가면 2. 도란도란 봄 동산	생명존중교육-이성-활동3,4,5,6,7

영역	교과	단원	본 책의 관련 활동
	1-1 여름	2. 여름 나라	
	1-2 가을	2. 현규의 추석	
	1-2 겨울	2. 우리의 겨울	
	2-1 봄	2. 봄이 오면	
	2-1 여름	2. 초록이의 여름 여행	
	2-2 가을	2. 가을아 이디 있니	
	2-2 겨울	2. 겨울 탐정대의 친구 찾기	
	3-1 과학	3. 동물의 한살이	
	3-2 과학	2. 동물의 생활	생명존중교육-감성-활동5,6
	3 도덕	4. 아껴 쓰는 우리	
		5. 함께 지키는 행복한 세상	생명존중교육-실천-행동1,2
		6. 생명을 존중하는 우리	
	4-1 과학	3. 식물의 한살이	
	4-2 과학	1. 식물의 생활	
	4 도덕	6. 함께 꿈꾸는 무지개 세상	
	5-1 과학	5. 다양한 생물과 우리 생활	
	5-2 과학	2. 생물과 환경	
	5 실과	4. 생명 기술 시스템과 동식물	
	6-1 과학	4. 식물의 구조와 기능	

※ 교육부 및 경기도교육청의 『생명존중교육 길라잡이』를 토대로 2015 개정교육과정에서 발췌, 재구성.

2) 자살예방교육과 관련된 교육과정

영역	관련 교과		단원	본 책의 관련 활동
나	4	도덕	3. 아름다운 사람이 되는 길	자살예방교육 - 이성 - 활동1,2,3
	5-1	국㉮	4. 글쓰기의 과정	
	5	실과	6. 일과 직업 탐색	자살예방교육 - 감성 - 활동1,2,3,4,5
	5	도덕	3. 긍정적인 생활	
	6	도덕	1. 내 삶의 주인은 바로 나	자살예방교육 - 실천 - 활동1,2,3,6,7
	6	실과	1. 나와 가족	
타인 및 사회	1-1	봄	1. 학교에 가면	
	1-1	국㉮	5. 다정하게 인사해요	
	1-2	국㉯	6. 고운 말을 해요	
	1	안전	4. 재난 안전 - 우리 모두 안전하게	
	2-1	국㉮	3. 마음을 나누어요	
	2-2	국㉯	8. 바르게 말해요	
	2	안전	3. 신변 안전 - 소중한 우리	
	3-2	국㉯	5. 바르게 대화해요	
	4-1	국㉯	10. 인물의 마음을 알아봐요	자살예방교육 - 이성 - 활동1,3,4,5
	4-2	국㉮	3. 바르고 공손하게	
	4	도덕	2. 공손하고 다정하게 4. 힘과 마음을 모아서	자살예방교육 - 감성 - 활동1,2,4,5
	5-1	국㉮	1. 대화와 공감 6. 토의하며 해결해요	자살예방교육 - 실천 - 활동2,3,4,5,6,7
	5-1	사회	2. 인권 존중과 정의로운 사회	
	5-2	국㉮	1. 마음을 나누며 대화해요 6. 타당성을 생각하며 토론해요	
	5	도덕	5. 갈등을 해결하는 지혜 6. 인권을 존중하며 함께 사는 우리	
	6-1	국㉯	4. 주장과 근거를 판단해요	

영역	관련 교과	단원	본 책의 관련 활동
		9. 마음을 나누는 글을 써요	
	6-2 사회	3. 인권 존중과 정의로운 사회	
	6 도덕	2. 작은 손길이 모여 따뜻해지는 세상	
	6 도덕	6. 함께 살아가는 지구촌	

※ 교육부 및 경기도교육청의 『생명존중교육 길라잡이』를 토대로 2015 개정교육과정에서 발췌, 재구성.

3) 상실대처교육과 관련된 교육과정

영역	교과		단원	본 책의 관련 활동
나	3-2	국㉯	5. 마음을 담아 글을 써요	
	3	도덕	1. 인내하며 최선을 다하는 생활 나와 너, 우리 함께	상실대처교육-이성-활동1,2,3
	4	도덕	3. 아름다운 사람이 되는 길	
	5-1	국㉮	4. 글쓰기의 과정	상실대처교육-감성-활동1,2,3,4,6
	5	실과	6. 일과 직업 탐색	
	5	도덕	3. 긍정적인 생활	상실대처교육-실천-활동1,2,3,4,5
	6	도덕	1. 내 삶의 주인은 바로 나	
	6	실과	1. 나와 가족	
타인 및 사회	1-1	여름	1. 우리는 가족입니다	
	1-2	가을	1. 내 이웃 이야기	
	1-2	겨울	2. 우리의 겨울	
	2-1	여름	1. 이런 집 저런 집	
	2-1	국㉮	3. 마음을 나누어요	
	2-2	가을	1. 동네 한 바퀴	상실대처교육-이성-활동1,2,3
	3-2	사회	1. 가족의 형태와 역할 변화	
	4-1	국㉯	10. 인물의 마음을 알아봐요	상실대처교육-감성-활동1,4,5,6
	4-2	국㉮	2. 마음을 전하는 글을 써요	
	4	도덕	1. 도덕 공부, 행복한 우리	상실대처교육-실천-활동1,2,3
	5-1	국㉮	1. 대화와 공감	
	5-2	국㉮	1. 마음을 나누며 대화해요	
	5	도덕	2. 내 안의 소중한 친구	
	6-1	국㉯	9. 마음을 나누는 글을 써요	
	6-2	사회	1. 세계 여러 나라의 자연과 문화	
자연	1-1	봄	2. 도란도란 봄 동산	
	1-1	국㉯	7. 생각을 나타내요	
	1-2	가을	2. 현규의 추석	
	1-2	겨울	2. 우리의 겨울	
	1	여름	2. 여름 나라	상실대처교육-감성-활동2,5
	2-1	국㉮	2. 자신 있게 말해요	상실대처교육-실천-활동1,3
	2-1	여름	2. 초록이의 여름 여행	
	2-2	가을	2. 가을아, 어디 있니	

영역	교과		단원	본 책의 관련 활동
	2-2	국㉯	8. 마음을 짐작해요	
	3-1	국㉯	8. 의견이 있어요	
	3-1	과학	3. 동물의 한살이	
	3-2	과학	2. 동물의 생활	
	4-1	국㉮	1. 생각과 느낌을 나누어요	
	4-2	국㉯	5. 의견이 드러나게 글을 써요	
	5-2	과학	2. 생물과 환경	
	6-1	과학	4. 식물의 구조와 기능	

※ 교육부 및 경기도교육청의 『생명존중교육 길라잡이』를 토대로 2015 개정교육과정에서 발췌, 재구성.

1. 생명존중교육

1) 이성적 접근

◎ **주제:** 생명의 소중함 알기
◎ **목표:** 생명의 소중함을 알고 나를 아끼는 마음으로 다른 생명을 아낄 수 있다.
◎ **활동**

1. 생명의 탄생 과정에 관한 책 읽고 동영상 보기

　자신이 어떻게 태어났는지에 관한 동화책을 읽으면서, 자신을 포함한 생명의 소중함에 대해 알아보는 시간을 가진다. 동화책은 대체로 10분 내외의 시간 동안 읽을 수 있도록 구성되었으며, 저학년까지도 읽을 수 있도록 쉽게 구성되어 있다. 읽고 나서 간단하게 생명탄생의 신비함에 대해 이야기하면서 생명탄생이 얼마나 어렵게 이루어졌는지를 깨달을 수 있다. 수업시작 시 동기유발에 활용하기 좋은 책들이다.

　생명 탄생에 관한 책 읽기 활동과 더불어 영상 자료를 통해 이를 심화시키는 시간을 가져보는 것도 좋은 활동이 될 수 있다. 초등학생의 집중 시간에 적합한 동영상 자료를 소개해본다. 약 10분 정도의 시간이 소요되며 저학년까지도 이해할 수 있는 내용으로 구성되어 있다.

　생명의 탄생은 매우 신비로운 과정이다. 엄마와 아빠의 난자와 정자가 만나서 우리가 태어나기까지 수많은 난관과 치열한 경쟁과정이 존재한다. 정자가 난자를 향해서 항해하는 과정은 작은 배가 태평양을 건너는 것처럼 멀고 긴 여정이다. 수 억개의 정자를 제치고 난자와 만나는 정자는 가장 건강한 정자 하나 뿐이다. 정자와 난자가 만나면 배아가 되는데 배아는 초기에 너무 작기 때문에 잘못하면 엄마 몸에서 떨어져 나갈 수 있다. 그래서 엄마는 매우 조심히 임신 기간을 버텨야 한다. 임신 기간이 끝나면 본격적으로 세상에 나오기 위한 준비를 하는데 이때 아이의 머리는 좁은 산도를 통과하면서 죽음과도 같은 과정을 거친다. 교사는 학생들이 이렇게 힘들게 세상에 태어난 것을 알고 생명에 대한 소중함을 가질 수 있도록 지도할 수 있다.

〈EBS 클립뱅크(Clipbank) ─ 아기의 탄생(The Birth of a Baby)〉
https://www.youtube.com/watch?v=6A9g8lPw─BE

〈태아, 생명 탄생의 신비〉
https://youtu.be/loUtFXHGmas

2. 나의 연표 만들기

내가 태어났을 때부터 지금까지 어떤 과정을 거쳤는지 연표를 만들어 보는 활동이다. 연표는 내가 어떠한 과정을 거쳐 지금에 이르렀는지를 객관적으로 살펴볼 수 있게 도와준다. 다음은 2학년 학생을 대상으로 한 연표 만들기 학습지의 예이다.

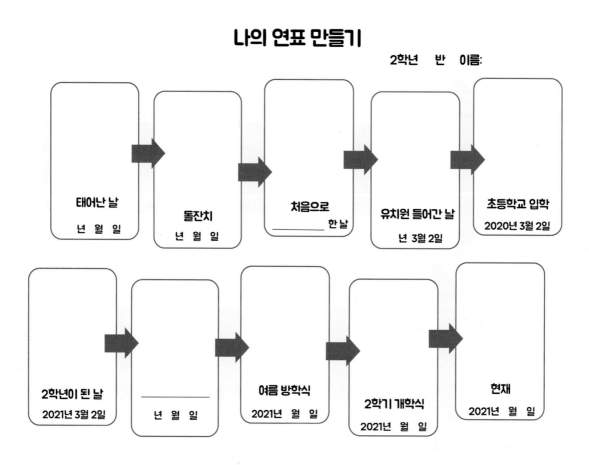

3. 음식이 어떤 과정으로 식탁에 오는지 그림책을 통해 알아보기

학교 급식은 초등학생들이 생명존중 수업을 할 수 있는 좋은 계기를 만들어 줄 수 있다. 우리가 매일 접하는 음식들은 사실 수많은 과정을 거쳐서 우리에게 도착하지만 그 과정에 대해서는 대체로 무지한 것이 사실이다. 초등학생들은 자신이 좋아하는 음식들이 어떠한 과정과 희생을 통해 자신에게 도달하는지에 대해서 충분한 교육을 받지 못하였다. 지금은 선진국을 중심으로 환경오염과 지속가능한 개발의 균형을 모색하면서 육식에 대한 반성이 활발하게 이루어지고 있다. 이렇게 육식에 대한 반성은 생명존중과 함께 교육할 수 있는 또 다른 중요한 주제가 될 수 있다.

"고마워 죽어 줘서"는 이러한 교육을 하기에 매우 적합한 도서이다. 저학년부터 고학년까지 폭넓은 활용이 가능하다. 저학년에게는 급식과 연관하여 어떠한 과정을 통해 음식이 자신에게 오는지에 대해 인지시킬 수 있다. 또한 고학년에게는 토론 수업에 이를 활용해볼 수 있다. 육식은 꼭 필요한가, 또는 채식만이 옳은가 등에 대한 문제를 토론해 볼 수 있다. 다음은 책을 읽고 나서 활용할 수 있는 학습지의 예시이다.

고마워 죽어 줘서

----학년 ----반 이름: (   )

- 누구에게 고맙다고 했는지 써보세요.

  _____

- 내가 어제, 오늘 먹은 급식은 무엇이었나요?

  _____

- 그 중에서 다른 생명에게서 온 것은 무엇인가요?

  _____

- 내가 음식을 섭취하는 이유는 무엇일까요? 그렇지 않았을 때 우리는 어떻게 될까요?

  _____

- 꼭 필요한 경우가 아닌데 다른 생명을 뺏거나 위협하는 경우가 있나요?

  _____

  _____

  _____

- 생명에게 하고 싶은 말을 그림과 글로 표현해 보세요.

4. "쨍아"를 읽고 생명의 변화과정 살펴보기

"쨍아"는 생명의 변화 과정을 아름다운 그림으로 은유적으로 제시한 그림책이다. 사실적인 묘사보다는 은유적으로 표현하여 저학년에게도 활용하기 좋은 도서이다. 우리 주변의 생명들이 죽은 뒤에는 어떠한 변화를 거치는지에 대해 보면서, 생명의 순환과정에 대해서도 살펴볼 수 있다. 다음은 독서 후 활동으로 활용할 수 있는 학습지의 예를 제시하였다.

> ### 쨍아
>
> ____학년 ____반 이름: (   )
>
> - 쨍아는 누구인가요?
>   _____
>
> - 쨍아는 어떠한 과정을 거쳐서 변화되고 있나요?
>   _____
>
> - 생명이 죽은 뒤에 생기는 변화는 어떻게 느껴지나요?
>   _____
>
> - 주변에 나와 관계있는 생명이 죽었을 때 어떤 느낌이 들까요?
>   _____
>
> - 쨍아에게 하고 싶은 말을 써보세요.
>   ┌─────────────────────────────┐
>   │   │
>   │   │
>   └─────────────────────────────┘

5. '알콩이'와 '달콩이'의 성장과정 동영상을 통해 생명의 탄생과 성장 과정 알아보기

책 읽기 활동과 함께 할 수 있는 동물들의 탄생과 성장과정에 관한 동영상 활용 자료이다. '알콩이'는 병아리의 이름이다. '알콩이'가 알에서부터 부화되어 병아리가 되기까지의 과정을 7분 내외의 자료로 제시하였다. 힘겹게 알을 깨고 나와 스스로 서기까지의 과정을 보면서 생명 탄생의 신비에 대해 알아볼 수 있는 자료이다. '알콩이'의 성장과정은 1편이고 이어서 '달콩이'와 '아리' 그리고 '볼트'의 성장과정도 함께 볼 수 있는 2편이 준비되어 있다. 동영상을 보고 나서 '알콩이'와 '달콩이'에게 응원의 메시지를 전달할 수 있다.

〈1편. 병아리 알콩이의 부화 영상〉

https://www.youtube.com/watch?v=q5jVKAh−He4

〈2편. 병아리 달콩, 아리, 볼트의 탄생〉

https://youtu.be/inLdNjMdhw4

6. 동물학대의 실태 알아보기

　우리 주변에는 인지하지 못한 사이에 버려지고 고통 받는 생명체가 다수 존재한다. 인간들의 쾌락을 위해서 생명을 함부로 다루는 실태를 공유하고, 생명의 소중함을 같이 생각해보는 시간을 가진다. 다음은 대표적으로 이루어지고 있는 사례들을 제시한 것이다. 키워드를 통해 다양한 사진 자료를 제시할 수 있다. 사진 자료를 보여주고 왜 이러한 일들이 일어나는지에 대한 토론을 곁들인다면 더욱 효과적인 교육이 될 수 있을 것이다.

유기동물	로드킬
유기동물	
* 출처: https://www.gnnews24.kr/news/articleView.html?idxno=11462	* 출처: http://www.knnews.co.kr/news/articleView.php?idxno=1249785
가재 뽑기 게임	실내 낚시터

* 출처: http://www.ohmynews.com/NWS_Web/View/at_pg.aspx?CNTN_CD=A0001070935	*출처: https://univ20.com/51240

7. 생명 존중 말판놀이와 OX 퀴즈 풀기

생명의 말판놀이는 보드 게임을 통해서 아이들이 생명존중에 관한 다양한 상식을 알아보기 위한 것이다. 중간중간에 있는 OX 퀴즈를 풀거나 생명이 소중한 이유에 대해 생각하는 시간을 가지면서 친구들과 생각을 나눌 수 있다.

특히 생명존중에 관한 잘못된 상식을 퀴즈로 알아보면서 바로잡을 수 있다. 다음은 다양한 예들을 나열한 것이다. 흔히 잘못 알고 있는 상식들을 나열해 보았다. 단순히 OX의 정답을 알려주는 것에서 더 나아가 자신의 생각을 발표해 볼 수 있는 시간을 가지면 더욱 좋을 것이다.

- 음식을 남기지 않고 먹는 것과 생명존중은 아무 관련이 없다.
- 식물은 고통을 느끼지 않아서 마음대로 꺾어도 괜찮다.
- 곤충은 갑각류라서 고통을 거의 느끼지 않는다.
- 자연은 사람을 위해서 존재하므로 사람이 마음껏 이용해도 괜찮다.
- 동물과 식물은 사람이 잘 대해주어도 행복감을 느낄 수 없다.

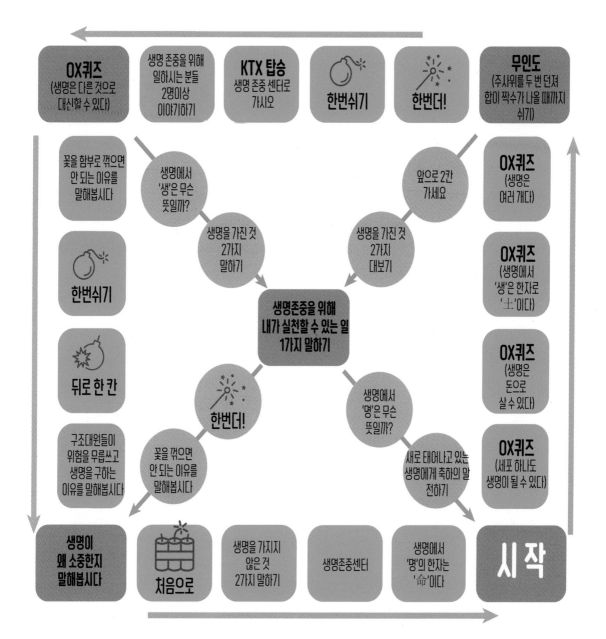

OX퀴즈
(생명은 다른 것으로
대신할 수 있다)

생명 존중을 위해
일하시는 분들
2명이상
이야기하기

KTX 탑승
생명 존중 센터로
가시오

한번쉬기

한번더!

무인도
(주사위를 두 번 던져
합이 짝수가 나올 때까지
쉬기)

꽃을 함부로 꺾으면
안 되는 이유를
말해봅시다

생명에서
'생'은 무슨
뜻일까?

앞으로 2칸
가세요

OX퀴즈
(생명은
여러 개다)

생명을 가진 것
2가지
말하기

생명을 가진 것
2가지
대보기

OX퀴즈
(생명에서
'생'은 한자로
'生'이다)

한번쉬기

생명존중을 위해
내가 실천할 수 있는 일
1가지 말하기

OX퀴즈
(생명은
돈으로
살 수 있다)

뒤로 한 칸

한번더!

생명에서
'명'은 무슨
뜻일까?

OX퀴즈
(세포 하나도
생명이 될 수 있다)

구조대원들이
위험을 무릅쓰고
생명을 구하는
이유를 말해봅시다

꽃을 꺾으면
안 되는 이유를
말해봅시다

새로 태어나고 있는
생명에게 축하의 말
전하기

생명이
왜 소중한지
말해봅시다

처음으로

생명을 가지지
않은 것
2가지 말하기

생명존중센터

생명에서
'명'의 한자는
'命'이다

시 작

2) 감성적 접근

◎ **주제**: 생명을 아끼는 마음 가지기
◎ **학습목표**: 생명의 소중함을 느끼고 나와 다른 생명을 아끼는 마음을 가질 수 있다.
◎ **활동**

1. 나에 대해 어떻게 생각하는지 알아보기

생명에 대한 존중은 나 자신을 온전히 받아들이고 사랑하는 데에서 시작된다. 자신을 사랑하고 소중히 여길 수 있어야 다른 사람이나 다른 생명을 사랑할 수 있다. 그러기 위해서는 자신에 대해 어떻게 생각하고 있는지를 점검하고 이를 활용하여 교육하는 것이 필요하다. 다음은 나를 어떻게 생각하는지에 대한 학습지이다. 학생의 발달 단계에 따라 다소 변형하여 사용할 수 있다. 교사는 대체로 긍정적인 자아상을 가지고 있는 경우와 그렇지 않은 경우를 포착할 수 있을 것이다.

나는 나를 어떻게 보고 있나요?

----학년 ----반 이름: (   )

평소 자기 자신에 대해 어떻게 느끼고 생각하고 있는가를 알아봅시다.
평소 생각이나 느낌과 아주 같으면 ◎표, 비슷하면 ○표, 전혀 다르면 △를 하세요.

번호	내용	표시
1	나는 나의 모습에 대해 만족하고 있다.	
2	나의 몸은 건강하다.	
3	나는 대체로 올바른 일을 한다고 생각한다.	
4	나는 친절한 사람이라고 할 수 있다.	
5	나는 지금의 내가 만족스럽다.	
6	나는 행복한 가정에서 살고 있다.	
7	나는 다른 친구들의 생각이나 행동을 이해해 보려고 노력한다.	
8	나는 앞으로 공부를 잘할 수 있을 것 같다.	
9	나는 운동이나 게임을 잘 못하는 편이다.	
10	나의 모습에는 다른 사람이 좋아할 만한 점이 별로 없다.	
11	나는 잘못을 알면서도 그것을 잘 고치지 못한다.	
12	나는 무슨 일을 할 때마다 남의 눈치를 살피는 것 같다.	
13	나는 자신이 때때로 밉다.	
14	나는 남의 미움을 받을 만한 것 같다.	
15	나는 어떤 일을 시도할 때 나도 모르게 포기해 버린다.	
16	나는 하고 싶은 이야기를 가족들과 터놓고 이야기 할 수 없다.	

2. 나의 장점 알아보기

보통의 경우 초등학생들은 자신의 장점에 대해 잘 인지하지 못하는 경우가 많다. 교사가 학생들에게 자신의 장점을 써보라고 하면 쭈뼛거리면서 잘 쓰지 못하는 경우들이 꽤 많다. 이럴 때는 수업 전에 미리 부모님과 장점을 알아보고 오라고 하면 도움이 된다. 부모님과 함께 장점을 생각하면서 나의 자존감을 높일 수 있고, 부모님과의 긍정적인 관계를 형성하는 데에도 도움이 될 수 있다. 부모님께 나의 장점에 대해 물어보고 열 가지 정도 기록해본다.

나의 장점 알아보기

____학년 ____반 이름: (   )

나의 장점을 열 가지 적어보세요.

번호	나의 장점은 무엇일까요?
1	
2	
3	
4	
5	
6	
7	
8	
9	
10	

3. 자신의 장점 소개와 친구들의 장점 알아보기

나를 소개하는 학습지이다. 학기 초에 서로에 대해 소개하고 친해질 수 있는 시간으로 활용할 수도 있다. 자신을 소개하는 학습지를 작성한 뒤에는 여기에 다른 친구들이 돌아가면서 포스트 잇에 장점을 기록해 줄 수 있다. 포스트 잇에 장점을 붙여주는 작업을 할 때에는 한 사람에게만 집중되는 것을 방지하기 위해 서로 돌아가면서 작성하거나, 옆 친구 또는 모둠 친구를 한 사람씩 배정하여 골고루 장점 포스트 잇을 받도록 지도해야 한다. 다음은 학습지의 예시와 포스트 잇을 활용한 예이다.

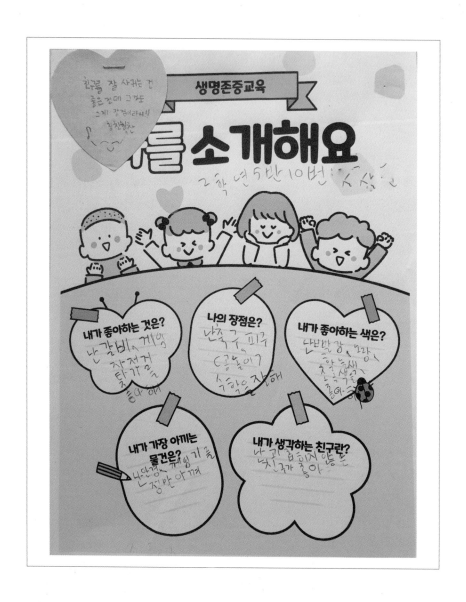

4. 친구를 위로하거나 격려했던 경험 나누기

책 일부 또는 영상을 보고 난 후, 친구의 어려움을 듣고 위로하거나 격려했던 경험이 있다면 관련지어 이야기해본다.

어린왕자

"세상에서 가장 어려운 일이 뭔지 아니?

"흠... 글쎄요, 돈버는 일? 밥먹는 일?"

"세상에서 가장 어려운 일은 ... 사람이 사람의 마음을 얻는 일이란다. 각각의

얼굴만큼 다양한 각양각색의 마음은 순간에도 수만 가지의 생각이 떠오르는데...

그 바람 같은 마음이 머물게 한다는 건... 정말 어려운 거란다."

〈따뜻한 말 한마디의 힘〉

https://youtu.be/lShomgoYScQ

〈먼저 질문해 주세요〉

https://youtu.be/ojCQecP8Y_k

5. 생명존중에 관한 시 소개하기

동시는 초등학생들에게 생명존중에 관해 자연스럽게 접근할 수 있는 효과적인 자료이다. 시 중에 유통되는 다양한 동시들에는 생명존중의 마음이 내재된 경우가 많다. 이러한 시들을 활용하면 초등학생들에게 효과적으로 생명존중의 마음을 가질 수 있게 도와줄 수 있다. 다음은 생명존중의 마음을 노래한 시들을 몇 가지 소개한 것이다. 이러한 시들을 소개할 때에는 교사가 읽어주면서 제목을 짐작하게 해보는 활동을 하거나 시의 일부분을 작성해보는 활동을 할 수 있다. 이는 시에 대한 흥미를 높여줄 수도 있기 때문이다.

사과나무 웃음소리	간지럼나무
이안	이안
과수원 사과나무에 빨간 사과가 주렁주렁 하얀 웃음꽃 하나하나 이쁘게도 자랐다고 사과나무가 웃는다 허리 휘게 웃는다 얼굴 빨개지도록 웃는다 과수원 사과나무에 빨간 웃음소리가 주렁주렁 사과나무 웃음소리는 바로 따서 맛보아도 좋지만 얇게 썰어 볕에 널어 말렸다가 겨우내 두고 먹어도 좋단다	간지럼나무라고 들어 봤어? 배롱나무라거나 목백일홍 나무백일홍이라고도 하는 나문데 자세히 보면 나무줄기며 가지가 이렇게 배배 돌아가 있어 간지러 간지러 간지러 몸을 꼬며 킥킥킥킥 웃다가 그렇게 된 거지 여기 내 뒤통수 톡 부어오른 것 만져지지? 간지럼 태우다 나무한테 꿀밤 맞아 그래 그러니까 간지럼나무 밑 지날 때는 머리에 손을 얹고 조심조심
출처: 이안(2015), 『글자동물원』, 문학동네	

	벌이 꽃을 간질이는 건데
	어떤 녀석이야?
	딱!
	네가 꿀밤을 대신 맞을지도 몰라
	어때?
	나랑 간지럼 나무 밑에 한번 가 보지 않을래?
	출처: 이안(2015), 「글자동물원」, 문학동네

----학년 ----반 이름: (   )

다음 시의 끝부분을 여러분의 글로 완성해보세요

청개구리

김병섭

연못에 가니
청개구리가 헤엄치고 있어.
그 때 하수구에서 황소개구리가 나와서
엉금엉금 개구리 쪽으로 가더니
덥석 청개구리를 무는 거라.
"야, 임마, 놔주라."
하며 돌 던지니
더 빨리 개구리를 물고 가는 거야.

_____

_____

_____

_____

생명

미야코시 유키나

생명은 굉장히 소중하다.
사람이 살아가기 위한 건전지 같은 거다.
하지만 건전지는 언젠가는 다 닳아 없어진다.
생명도 언젠가는 닳아 없어진다.
건전지는 바로 새것으로 갈아 끼우면 되지만,
생명은 쉽게 갈아 끼우지 못한다.
그래서 나는,

_____

_____

_____

_____

출처: 이승희 외(2004), 「개구리랑 같이 학교로
       갔다」, 보리

출처: 은방울꽃모임, 황소연 역(2004), 「건전지가
       다하는 날까지 1」, 한울림

6. 생명 존중에 관한 시 쓰고 낭독하기

생명존중을 노래한 시들을 접했다면 이번에는 생명존중에 관한 시를 써보고 낭독하는 활동을 할 수 있다. 생명의 소중함을 동시로 나타내는 활동은 다소 막연할 수 있다. 따라서 시 쓰기 전 활동으로 시의 주제를 정하고 다음과 같이 마인드 맵을 작성해보는 것도 도움이 된다. 우리 주변의 수많은 생명들이 주제가 될 수 있으며, 이중에서 자신의 마음을 특히 끄는 것으로 주제를 정하면 된다.

이렇게 마인드맵으로 정리한 뒤에 시로 나타내고 시화를 같이 곁들여 꾸며본다. 시화를 작성한 뒤에는 낭송하는 시간을 가질 수 있다. 시를 낭송하는 것이 초등학생에게는 다소 생소할 수 있으니 다양한 시화 낭송 동영상을 보여 주고 감정을 살려서 낭송할 수 있도록 지도한다. 시화를 전시하고 잘한 점에 대해 서로 포스트 잇을 붙여줄 수 있다. 다음은 강아지를 주제로 한 마인드맵의 예시이다.

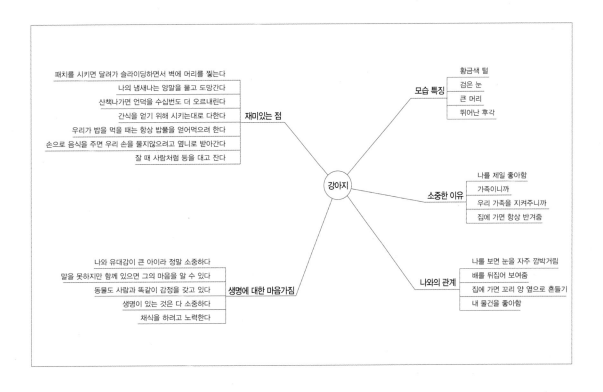

3) 실천적 접근

◎ **주제:** 생명을 아끼기 위하여 노력하기
◎ **학습목표:** 생명의 소중함을 알고 느끼며 이를 실생활에서 실천하기 위해 노력할 수 있다.
◎ **활동**

1. 자연을 관찰하고 식물이나 동물키우기

생명존중 교육을 할 때 좋은 방법 중 하나는 자연을 관찰하는 것이다. 자연에 속하는 나무는 우리 주변에 흔히 볼 수 있는 좋은 관찰 대상이다. 나무와 나뭇잎이 어떻게 변화되는지 관찰하면서 흥미를 가지고 생명의 변화를 느낄 수 있다. 또한 이러한 변화과정을 관찰하면서 직접 식물이나 동물을 키우는 것은 아이들이 생명의 소중함을 직접 몸으로 체험해 볼 수 있는 기회를 제공한다. 학교에서 키울 수 있는 동물은 몇 가지가 있다. 미국에서는 펫독을 키우면서 관찰을 하게 하고, 휴일에는 학생들이 돌아가며 집에서 돌보도록 한다. 펫독은 키우기 어렵지 않아 좋은 사례가 될 수 있다. 곤충도 소음에 민감하지 않아 키우기 어렵지 않다.

특히 교육과정에 있는 강낭콩 키우기 등을 이용하여 생명존중 교육을 하는 것은 매우 효과적인 사례가 될 수 있다. 다음은 강낭콩을 키우면서 변화과정을 기록할 수 있는 학습지의 예시이다.

1. 씨앗을 심어요.

관찰날짜	년 ( )월 ( )일 ( )요일		
화분이름			
관찰 내용	생김새		(그림이나 사진)
	색깔		
	크기		
식물에게 하고 싶은 말			

2. 싹 트는 모습을 관찰해요.

관찰날짜	년 ( )월 ( )일 ( )요일
싹튼 모습	관찰한 생김새 (그림이나 사진)
관찰한 내용	

3. 떡잎과 본잎이 나왔어요.

관찰날짜	년 ( )월 ( )일 ( )요일	
관찰 모습 (그림 또는 사진)	떡잎 (그림 또는 사진)	본잎 (그림 또는 사진)
관찰 내용		

4. 자라는 모습을 관찰해요.
(일주일에 2-3회 정도 기록합니다)

관찰날짜	년 ( )월 ( )일 ( )요일	
관찰 모습 (그림 또는 사진)		
관찰 내용	길이 (키)	
	잎의 수	
	줄기 굵기	
	그 밖의 특징	
	알게 된 사실	

5. 꽃이 피었어요.

관찰날짜	년 ( )월 ( )일 ( )요일
관찰 모습 (그림 또는 사진)	꽃의 색깔
	꽃의 생김새
	관찰한 내용과 꽃의 특징
	강낭콩 꽃의 생김새 그림 또는 사진
관찰 내용	

6. 열매(꼬투리)가 맺혔어요.

관찰날짜	년 ( )월 ( )일 ( )요일	
관찰 모습 (그림 또는 사진)	꼬투리는 어디에 붙어 있나요?	
	한 꼬투리에는 약 몇 개의 강낭콩이 들어있나요?	
	강낭콩 꼬투리의 생김새 그림 또는 사진	
관찰 내용		

7. 강낭콩 키우기 정리

강낭콩의 한살이

	→

→ | | → | |

→ | | → | |

강낭콩을 키우면서 느낀 점

_____

_____

_____

_____

_____

2. 멸종 위기의 동식물 구호 캠페인하기

생명존중교육은 행동으로 이어졌을 때 그 효과를 극대화할 수 있다. 행동으로 동참할 수 있는 효과적인 방법 중의 하나가 생명존중 캠페인을 하는 것이다. 교실 내에서 캠페인에 사용할 수 있는 포스터를 만들고, 이를 외부에 전시하거나 캠페인 활동을 해봄으로써 스스로 환경 보호에 동참할 수 있는 기회를 제공할 수 있다. 포스터를 만들고 나서 이를 효과적으로 홍보하기 위한 계획을 세워보면서 활동의 효과를 극대화하기 위해 노력할 수 있다. 이를 위해서는 우선 앞서 제시한 멸종위기 동식물들에 대한 이야기를 들려주면서 동기유발을 해볼 수 있을 것이다. 다음은 맹그로브 나무 이야기이다.

맹그로브 나무 이야기 들려주기

맹그로브는 주로 간만의 차가 있는 강어귀, 염분 많은 습지, 진흙투성이인 해변 등에 형성되는 삼림의 일종이다. 세계적으로 열대에서 아열대 지역인 동남아시아, 남태평양, 호주, 인도 근해, 아프리카, 아메리카에 분포한다. 독특하게 버팀뿌리(지주근)를 갖고 있는데, 이 뿌리를 진흙 위로 내어서 공기를 호흡한다.

맹그로브는 한 발은 육지에, 한 발은 바다에 담근 채 두 영역의 생명체에게 생존의 터전을 마련해주는 독특하고 가치 있는 생태계이다. 게다가 취약한 해안의 방파제 구실을 하며, 해초나 산호초 같은 해양 생태계에는 양분을 공급하고, 지구의 탄소 균형에도 크게 기여한다. 또한, 중요한 것은 해안에 거주하는 수억 인구에게 집과 자원, 일거리를 제공하며, 이들을 보호해주는 터전이기도 하다.

그러나 불행하게도 맹그로브는 새우 양식업으로 최적지인 해안지대에서 자라고 숲을 이룬다. 새우는 싼 가격에 쉽게 구할 수 있고 건강에 좋을 뿐 아니라 요리로도 훌륭하다는 이유로, 2002년 이후, 참치를 밀어내고 미국의 최고 해산물 자리를 차지한다. 최근 미국을 비롯한 서구 사회에서 새우 수요가 급증하여 개발도상국에서 새우 양식업이 확대되고 있다. 새우양식업자에게 새우 양식의 최적지에 맹그로브나무가 있는 것은 큰 문젯거리가 아니다. 베어버리면 그만이다. 상업성이라는 저항할 수 없는 힘 앞에서 환경파괴에 대한 고민은 설 자리가 없는 것이다.

실제로 필리핀에서는 지난 50년 동안 66%에 이르는 맹그로브 숲이 사라졌다. 그처럼 맹그로브가 무참혹히 파괴된 자리의 절반 이상에는 '새우양식장'이 들어왔다. '핑크골드'라는 말이 있다. 이는 일확천금 할 수 있는 새우 양식업을 두고 한 말이다. 아시아, 아메리카, 아프리카의 개발도상국은 이 핑크골드 사업에 뛰어들었고, 맹그로브 숲은 빠르게 줄어들었다. 2001년 전 세계 맹그로브 숲의 52%가 수산 양식업으로 파괴되었고, 그 가운데 새우 양식업이 차지하는 비중이 38%에 달한다.

그러나 2004년 쓰나미 사태 이후 맹그로브의 가치는 재조명되기 시작된 이후, 이제는 막대한 탄소저장고로서 인류의 기후변화 문제를 해결해 줄 대안으로 일컬어질 만큼 그 위용이 높아진 맹그로브! 맹그로브 숲이 인간의 필요에 파괴되고, 다시 그 필요 때문에 복구될 때까지......

<출처: http://tuney.kr/2k6Mvd, http://www.youtube.com/watch?v=eqLNHz8_Pc0>

동식물 보호를 위한 나의 노력

----학년 ----반 이름: (   )

동식물 보호를 위해서 내가 실천할 수 있는 방법을 만화로 그려보세요.

〈제목〉:	〈제목〉:
〈제목〉:	〈제목〉:

예시) 동물들을 보호해주세요

출처: https://notefolio.net/yunjung/36517

2. 자살예방교육

1) 이성적 접근

◎ **주제**: 나와 친구의 자살위험성 알아보기
◎ **목표**: 자살의 심각성을 알고 나와 타인의 자살 징후를 파악하고 예방법을 알 수 있다.
◎ **활동**

1. 힘들어 죽고 싶었던 경험 나누기

관련 영상을 보고 힘들어서 죽고 싶었던 경험을 교사와 학생들이 서로 이야기해 본다. 사소하게 속상했던 일부터 심각한 스트레스 상황까지 다루어 본다.

〈별 일 없나구요〉
https://youtu.be/bLcum_9BWlI

〈죽고 싶을 때 꼭 봐야할 것들〉
https://youtu.be/−lDUoi7FgKI

〈엄마 말 들어〉
https://youtu.be/XlNbvFKXxco

2. 자신의 자살위험성 점검하기

레이놀즈 자살생각척도(SIQ-Reynolds: Suicidal Ideation Questionnaire)는 많은 청소년들이 우울하지는 않지만 자살생각을 보인다는 관찰로부터 제작된 척도로, 자살생각을 측정하는 30문항으로 이루어진 자기보고형 척도이다. 점수의 범위는 0~180점으로 결과는 아래와 같다. 학생들이 자신의 경우를 떠올리며 진지하게 스스로 점검해 보도록 한다.

- **62~76점:** 또래집단에 비해 자살생각을 많이 하는 편임(평균 1달에 1번 이상)
- **77~90점:** 또래집단에 비해 자살생각을 상당히 많이 하는 편임(평균 1달에 2~3번)
- **91점 이상:** 또래집단에 비해 자살생각을 매우 많이 하는 편임(평균 1달에 3번 이상)

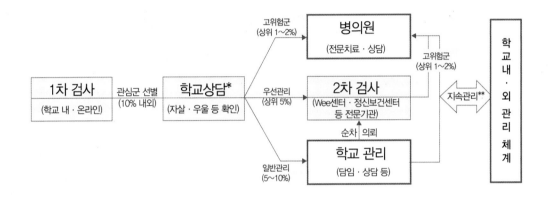

일반관리군 · 우선관리군 · 자살위험군 선별 관리	– 일반관리군 ⇒ 전문기관 의뢰 및 학교 내 관리
	– 우선관리군 ⇒ 전문기관 우선의뢰 및 학교 내 관리
	– 자살위험군 ⇒ 즉각 조치

나의 위험성 점검하기

----학년 ----반 이름: (   )

※ 아래에는 사람들이 때때로 할 수 있는 생각들이 제시되어 있습니다. 다음의 문항들을 자세히 읽어
보시고, 지난달 동안에 자신이 얼마나 자주 그런 생각을 했는지를 '거의 매일 그런 생각을 했다'
에서 '전혀 그런 생각을 한 적이 없다'까지 해당되는 번호에 V표를 해주세요.

0. 전혀 생각한 적 없다　　1. 전에 그런 생각을 한 적이 있지만, 지난달에는 한 적이 없다.
2. 한 달에 1번　　　　　　3. 한 달에 2~3번
4. 일주일에 1번　　　　　　5. 일주일에 2~3번　　　　6. 거의 매일 그런 생각을 했다.

NO	내 용							
1	내가 살아있지 않는 편이 차라리 나을 것이라고 생각했다.	⓪	①	②	③	④	⑤	⑥
2	죽을까 생각했다.	⓪	①	②	③	④	⑤	⑥
3	어떻게 죽을 것인가에 대해 생각해 봤다.	⓪	①	②	③	④	⑤	⑥
4	언제 죽을 것인가에 대해 생각해 봤다.	⓪	①	②	③	④	⑤	⑥
5	사람이 죽어가는 것에 대해 생각해 봤다.	⓪	①	②	③	④	⑤	⑥
6	죽음에 대해서 생각했다.	⓪	①	②	③	④	⑤	⑥
7	죽을 때 유서에 무엇이라고 쓸 것인가에 대해서 생각했다.	⓪	①	②	③	④	⑤	⑥
8	내가 원하는 것을 유언장으로 만들어 둘 생각을 했다.	⓪	①	②	③	④	⑤	⑥
9	사람들한테 내가 죽으려 한다는 것을 말할까 생각했다.	⓪	①	②	③	④	⑤	⑥
10	내가 없으면 주위 사람들이 더 행복할 것이라고 생각했다.	⓪	①	②	③	④	⑤	⑥
11	만일 내가 죽는다면 사람들이 어떻게 느낄까 생각했다.	⓪	①	②	③	④	⑤	⑥
12	살아 있지 않기를 바랐다.	⓪	①	②	③	④	⑤	⑥

NO	내 용							
13	모든 것을 끝장내 버리는 게 얼마나 쉬울까 생각했다.	⓪	①	②	③	④	⑤	⑥
14	내가 죽어버리면 모든 문제가 해결될 것이라고 생각했다.	⓪	①	②	③	④	⑤	⑥
15	내가 죽는다면 다른 사람들이 더 편해질 것이라고 생각했다.	⓪	①	②	③	④	⑤	⑥
16	죽을 수 있는 용기가 있었으면 좋겠다.	⓪	①	②	③	④	⑤	⑥
17	나는 애초에 태어나지 않았으면 좋았을 것이다.	⓪	①	②	③	④	⑤	⑥
18	기회가 있다면 죽을 것이라고 생각했다.	⓪	①	②	③	④	⑤	⑥
19	사람들이 죽는 방법에 대해 생각했다.	⓪	①	②	③	④	⑤	⑥
20	죽는 생각을 했지만, 실제 행동으로 옮기지는 않을 것이다.	⓪	①	②	③	④	⑤	⑥
21	큰 사고를 당하는 것에 대해 생각했다.	⓪	①	②	③	④	⑤	⑥
22	살 이유가 없다고 생각했다.	⓪	①	②	③	④	⑤	⑥
23	내 인생은 너무 엉망이어서 더 이상 살아갈 이유가 없다고 생각했다.	⓪	①	②	③	④	⑤	⑥
24	내 존재를 알리는 유일한 방법이 죽는 것이라고 생각했다.	⓪	①	②	③	④	⑤	⑥
25	내가 죽고 나면 내게 관심 없었던 사람들이 후회하게 될 것이라고 생각했다.	⓪	①	②	③	④	⑤	⑥
26	내가 죽거나 사는 것에 아무도 관심을 가지지 않을 것이라고 생각했다.	⓪	①	②	③	④	⑤	⑥
27	정말로 죽을 의도는 아니지만 스스로 상처를 입히는 것을 생각했다.	⓪	①	②	③	④	⑤	⑥
28	내가 죽을 수 있는 용기가 있을까를 생각했다.	⓪	①	②	③	④	⑤	⑥
29	상황이 더 좋아지지 않으면 죽겠다고 생각했다.	⓪	①	②	③	④	⑤	⑥
30	죽을 권리가 있었으면 좋겠다.	⓪	①	②	③	④	⑤	⑥

* 출처: 중앙자살예방센터 '청소년자살예방을 위한 3step guide'

3. 스트레스 해소 방법 알아보기

조별로 자신만의 스트레스 해소 방법을 친구들과 공유하도록 하고 만약 없다면 자신이 좋아하고 즐겨할 수 있는 방법을 만들어 보도록 한다. 쉽고 건강하게 스트레스 해소하는 방법인 산책, 스포츠 활동, 청소, 정리정돈, 맛있는 음식먹기, 햇빛보기, 수다, 음악듣기, 영화, 예능보기, 종교활동, 수면, 여행 등을 소개한다. 또한 죽을 만큼 힘든 어려움을 이겨낸 위인, 유명인 등의 사례를 미리 찾아오도록 해서 이와 관해 이야기해보도록 한다. 마지막으로 힘이 되는 글귀, 책, 영화, 유튜브 영상을 공유한다.

스트레스 예방 및 해소 방법

----학년 ----반 이름: (   )

★ 나는 어떨 때 화가 나고, 스트레스를 받는지 생각해보세요.
● 나는 어떨 때 화가 나나요? 화가 나는 이유는 무엇인가요?

_____

● 왜 그러한 상황이 발생하나요?

_____

● 그 상황이 발생하지 않도록 할 수 있는 방법이 있나요?

_____

★ 나만의 스트레스 해소 방법을 적어보고, 없다면 만들어보세요.
● 나를 기분 좋게 하는 음식, 음악, 영화 등이 있나요?

_____

● 내가 기분이 좋아지는 나의 행동에는 무엇이 있나요?

_____

★ 어려움을 이겨낸 주변사람, 위인, 유명인 등의 사례를 적어보세요.
● 그 사람은 어떤 사람인가요?

_____

● 왜 그 사람을 조사하게 되었나요?

_____

● 그 사람의 어떤 점을 닮고 싶나요?

_____

● 어려움을 극복하기 위해 나는 어떤 노력을 할 수 있나요?

_____

4. 친구의 자살위험 신호 점검하기

자살을 생각하는 이에게서 나타나는 행동, 언어, 비언어적 표현이다. 주변 친구의 경우를 떠올리며 점검해 보도록 한다. 교사가 먼저 시범적으로 문장을 읽고 설명하며 해당 유무를 점검하는 모습을 보여준다.

친구의 위험신호 점검하기

____학년 ____반 이름: (   )

1. 친구의 행동을 생각하며 표시해 보세요.
   □ 수면 및 식습관의 변화가 있다.
   □ 가족 및 친구로부터 피하려고 한다.
   □ 개인 물건을 정리한다.
   □ 자신, 타인 혹은 동물에 대한 물리적 폭력을 저지른다.
   □ 좋아했던 일에 관심이 없거나 무기력해 보인다.
   □ 학업에 관심이 없고 집중하지 못한다.
   □ 잠이 오지 않는다.

2. 친구가 하는 말을 생각하며 표시해 보세요.
   □ 내가 사라져 줄게.
   □ 더 이상 너를 괴롭히지 않을 거야.
   □ 더 이상 아무것도 문제도 아니야.
   □ 아무것도 내 상황을 바꿀 수 없어.
   □ 엄마, 아빠, 친구야 미안해.
   □ 이젠 정말 끝이야.
   □ 내가 보여줄 거야, 만족하길 바래.
   □ 안녕.

3. 친구의 기분, 생각이 해당되는지 표시해 보세요.
   □ 화, 분노가 증가한다.
   □ 기분이 급격히 변화한다.
   □ 성격의 심한 변화를 보인다.
   □ 죽음에 대한 생각이 떠나지 않는다.
   □ 지나치게 환상적, 공상적 내용의 소설, 만화, 영상물에 빠져 있다.
   □ 에너지가 떨어져 쳐져 있다.
   □ 외모에 대한 관심이 없어졌다.

5. 자살을 생각하는 친구 돕는 방법 알기

　영상을 통해 친구의 자살예방을 위해 우리가 무엇을 할 수 있을지 생각해 보는 시간을 가진다. 주변에 힘들어 하는 친구가 있다면 어떤 행동을 취해야 할지 이야기를 나누어 본다. 그 밖에 할 수 있는 방법(Elliot와 Smiga, 2006)들에 대해 소개한다.

- 친구에게 필요한 도움을 줄 것이라는 약속을 합니다.
- 죽을 생각에 대해서 비밀을 지킬 것이라는 약속은 하지 않습니다.
- 홀로 남겨두지 않습니다.
- 대책 없이 해결될 것이라고 가정하지 않습니다.
- 무슨 말을 하던 충격을 받지 않습니다.
- 도전적이거나 모험적인 말을 사용하지 않습니다.

〈힘든 일은 함께 나눠요〉
https://www.youtube.com/watch?v=a8ELR05ZpKM

〈친구를 살리는 완벽한 방법〉
https://youtu.be/26r11ITrzdc

----학년 ----반 이름: (   )

★ 영상을 보고, 아래의 질문에 답해 보세요.

1. 친구는 무엇 때문에 힘들어 하나요?

_____

_____

_____

_____

2. 친구의 죽음을 어떻게 막을 수 있을까요?

_____

_____

_____

_____

3. 내가 주인공이라면 어떻게 행동했을 것 같나요?

_____

_____

_____

_____

2) 감성적 접근

◎ **주제:** 나, 친구의 감정을 표현하고 공감하기

◎ **목표:** 죽고 싶었던 나와 타인의 감정을 이해하고, 표현하거나 공감할 수 있다.

◎ **활동**

1. 힘들었던 감정 나누기

'어른들은 몰라요' 노래를 함께 부르면서 엄마, 아빠에게 느꼈던 감정들을 이야기해본다. 좋고 행복했던 감정부터 화나고 슬펐던 감정까지 다양한 경험들을 이야기해 볼 수 있도록 한다.

〈뽀로로와 노래해요 "어른들은 몰라요"〉

https://youtu.be/803YClhKeLc

어른들은 몰라요

2. 감정에 대해 알아보고 스피드 퀴즈하기

감정카드를 준비해 우리가 알고 있는 감정들에 대하여 생각해 본다. 임의로 단어를 뽑아 보여 주며 각각에 대해 느낌이나 색깔, 특징, 상황 등으로 표현해 보고, 얼굴 표정이나 몸으로도 표현해본다. 그에 대해 이야기도 나누어 본다. 그리고 조를 정하여 대표자 한 사람은 감정카드에 대해 설명하고, 나머지 팀원들은 그 감정을 알아맞히는 스피드 게임을 한다.

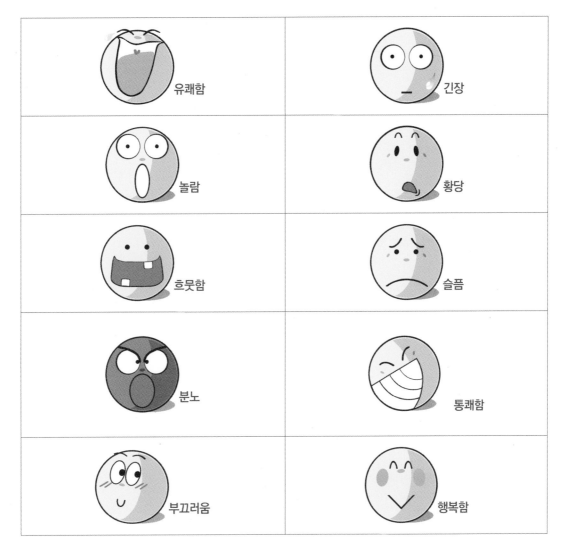

출처: 한컴오피스 한글-그리기마당

3. 나의 감정 표현해 보기

다양한 감정을 느낄 수 있는 여러 상황을 제시하고, 그 속에서 느낄 수 있는 감정을 표현해 본다. 말로 표현하기 어려운 경우 간단한 이모티콘을 그려서 해당 감정을 표현해 보도록 한다.

감정 표현해 보기

----학년 ----반 이름: (   )

★ 다음의 상황에서 내가 느끼는 감정은 어떤 것인가요? 이때의 나의 감정을 간단한 이모티콘 그림으로 그려 보세요.

1. 수업 시간에 다른 생각을 하다 선생님께 혼이 났다.

2. 글짓기 대회에서 상을 받았다.

3. 친구가 말도 없이 내 물건을 빌려갔다가 잃어버렸다.

4. 어두운 밤길을 혼자 걸어가게 되었다.

5. 평소 가지고 싶었던 가방을 생일 선물로 받았다.

---

4. 타인의 감정에 공감하거나 격려해보기

짝을 지어 최근에 경험했던 좋았던 일, 슬펐던 일, 어려웠던 일 등을 서로 이야기해보도록 한다. 말하는 사람은 그때의 감정을 정확히 표현하려고 노력하고, 듣는 사람은 그에 적절한 반응으로 공감할 수 있도록 지도한다. 서로 대화를 할 때 상대방의 입장을 듣는 방법을 소개하면서, 해당 방법을 사용하며 서로 이야기해보도록 한다.

- 편안하고 자연스러운 자세를 취한다.
- 진지한 태도를 보여준다.
- 잘 듣고 있다는 표시로 고개를 끄덕인다.
- 듣고 있다는 표시로 간단하게 말한다.(아 그래 그랬니? 그랬구나, 저런)
- 말을 중간에서 자르지 않는다.
- 말을 끝까지 들어본다.
- 내가 상대방의 말을 이해했는지 확인해 본다.

서로의 감정 나누기

＿＿＿＿학년 ＿＿＿＿반 이름: (   )

★ 친구가 다음 상황에 놓여 있을 때의 감정을 짐작해 보고, 내가 공감해줄 수 있는 말을 작성해봅시다.

1. 수업 시간에 선생님께 혼이 났다.

＿＿＿＿＿＿＿＿＿＿＿＿＿＿＿＿＿＿＿＿＿＿＿＿＿＿＿＿＿＿＿＿＿＿＿＿＿＿

＿＿＿＿＿＿＿＿＿＿＿＿＿＿＿＿＿＿＿＿＿＿＿＿＿＿＿＿＿＿＿＿＿＿＿＿＿＿

2. 글짓기 대회에서 상을 받았다.

＿＿＿＿＿＿＿＿＿＿＿＿＿＿＿＿＿＿＿＿＿＿＿＿＿＿＿＿＿＿＿＿＿＿＿＿＿＿

＿＿＿＿＿＿＿＿＿＿＿＿＿＿＿＿＿＿＿＿＿＿＿＿＿＿＿＿＿＿＿＿＿＿＿＿＿＿

3. 친구가 말도 없이 내 물건을 빌려갔다가 잃어버렸다.

＿＿＿＿＿＿＿＿＿＿＿＿＿＿＿＿＿＿＿＿＿＿＿＿＿＿＿＿＿＿＿＿＿＿＿＿＿＿

＿＿＿＿＿＿＿＿＿＿＿＿＿＿＿＿＿＿＿＿＿＿＿＿＿＿＿＿＿＿＿＿＿＿＿＿＿＿

4. 어두운 밤길을 혼자 걸어가게 되었다.

＿＿＿＿＿＿＿＿＿＿＿＿＿＿＿＿＿＿＿＿＿＿＿＿＿＿＿＿＿＿＿＿＿＿＿＿＿＿

＿＿＿＿＿＿＿＿＿＿＿＿＿＿＿＿＿＿＿＿＿＿＿＿＿＿＿＿＿＿＿＿＿＿＿＿＿＿

5. 평소 가지고 싶었던 가방을 생일 선물로 받았다.

＿＿＿＿＿＿＿＿＿＿＿＿＿＿＿＿＿＿＿＿＿＿＿＿＿＿＿＿＿＿＿＿＿＿＿＿＿＿

＿＿＿＿＿＿＿＿＿＿＿＿＿＿＿＿＿＿＿＿＿＿＿＿＿＿＿＿＿＿＿＿＿＿＿＿＿＿

5. 희망나무 만들기

포스트잇을 나누어주고 위로, 격려가 되는 말을 써서 희망 나무에 붙이고 이야기를 나누어 본다.

〈예시〉 "괜찮아, 잘하고 있어" "이 또한 지나갈거야" "너는 이전에 많은 어려움도 견디며 살아남았어."	 * 출처: https://blog.naver.com/zve1004/221396 459290

3) 실천적 접근

◎ **주제:** 위기상황 시 대처하기
◎ **목표:** 나 또는 친구의 자살하고자 하는 생각을 바꾸고 이를 예방할 수 있다.
◎ **활동**

1. 비합리적인 생각 바꾸기

자살을 하고 싶을 만큼 힘든 상황이 닥쳤을 때 드는 비합리적인 생각들을 합리적인 생각으로 바꿀 수 있도록 연습한다. 집단 토의를 통해 공유하고 피드백을 해주며 합리적인 사고로 바꾸는 훈련을 할 수 있게 한다. 엘리스(Albert Ellis)의 비합리적 신념을 참고해 지도한다.

생각 바꾸기

____학년 ____반 이름: (   )

★ 비합리적인 생각을 합리적인 생각으로 고쳐 보세요.

비합리적인 생각	합리적인 생각
나는 주위의 친구들로부터 항상 사랑과 인정을 받아야만 해.	
성적이 나쁘면 실패한 인생이나 다름없어.	
나를 괴롭히는 친구는 마땅히 보복을 받아야 해.	
내가 바라는 대로 되지 않는다면 끔찍할거야.	
내가 예쁘지 않아서 친구들에게 인기가 없는 거라 어쩔 수 없어.	
만약 부모님이 죽는다면 나는 어쩌지.	
내가 공부를 잘하지 못하는 것은 머리가 나쁘기 때문이야.	
내 노력을 알아주는 사람이 없으니 모든 걸 포기할래.	
부모님이 가난하니 나도 평생 가난에서 벗어나지 못할거야.	

엘리스(Albert Ellis)의 비합리적 신념

1. 우리는 주위의 모든 사람들로부터 항상 사랑과 인정을 받아야만 한다.

이것은 과도한 인정의 욕구(demand for approval)로서, 우리가 아무리 노력해도 이루어질 수 없는 비합리적인 바람이다. 그렇기 때문에 사랑을 받고자 노력을 하면 할수록 사랑받지 못하는 자신이 더 불안해지고, 자기 파괴적이 된다. 또한 이것을 달성하려고 노력하다보면 그 이외의 다른 많은 것을 포기해야 하기 때문에 또 다른 불안을 일으키게 된다. 우리는 다른 사람에게 사랑과 인정을 받는다는 것이 바람직한 일이기는 하지만, 반드시 사랑을 받아야만 하는 것은 아니고 또 그렇게 될 수도 없다는 점을 알아야 한다. 합리적인 사람은 자신의 욕구나 흥미 등 자신이 하고 싶은 것을 희생해 가면서까지 다른 사람의 사랑이나 인정을 받으려고 하기보다는, 남에게 자신이 먼저 사랑을 베풀고 창조적이며 생산적인 사람이 되고자 노력하는 과정에서 다른 사람들로부터 사랑과 인정을 받으려 한다.

2. 우리는 모든 면에서 반드시 유능하고 성취적이어야 한다.

이것은 과대한 자기 기대감(high self-expectations)으로서 역시 불가능한 생각이다. 이를 위해 강박적으로 노력한다면 정신-신체적 질환, 열등감, 삶에 대한 무력감 및 실패에 대한 두려움을 끊임없이 갖게 된다. 이성적인 사람은 결과에만 집착하기보다는 활동 그 자체를 즐기고, 완전하게 되기보다는 배우려고 노력한다.

3. 어떤 사람은 악하고, 나쁘며, 야비하다. 그러므로 그의 악행에 대해서는 반드시 준엄한 저주와 처벌이 있어야 한다.

이러한 생각은 선악의 판단에 대한 절대적인 기준이 없다는 점과, 개인의 편견에 의한 판단일 경우가 많기 때문에 비합리적이다. 누구든지 잘못과 실수를 범할 수 있다. 비난과 처벌을 가한다고 하여 어떤 행동이 좋아지지 않고 오히려 더 나쁜 행동이나 더 큰 정서적 혼란을 가져오게 되는 경우가 많다. 합리적인 사람은 타인의 실수를 이해하려고 노력하며 자기 자신을 탓하지도 않고 다른 사람을 비난하지 않는다. 이러한 비합리적 신념을 비난경향성(blame proneness)이라 한다.

4. 일이 내가 바라는 대로 되지 않는 것은 끔찍스러운 파멸이다.

이러한 생각을 파국 혹은 좌절적 반응경향(frustration reactivity)이라 한다. 사람이 간혹 좌절하는 것은 정상적인 일이다. 그러나 장기간에 걸쳐 심한 좌절감에 빠져 있는 것은 비합리적이다. 왜냐하면 세상사가 반드시 우리가 바라는 대로 되어야만 할 이유는 없으며, 장기간에 걸쳐 좌절감에 빠져있는 것이 상황을 개선하기보다는 악화시키는 경우가 더 많기 때문이다. 만약에 적당한 대처방법이 없다면 유일한 합리적인 대처방법은 그 사실을 그대로 받아들이는 것뿐이다. 사람이 자기의 욕구를 채우는 것이 만족과 행복을 위하여 필수적이라고 생각하지만 않는다면, 좌절이 정서적 혼란을 일으키는 경우는 드물다. 합리적인 사람은 불쾌한 상황을 과장하지 않으며, 가능한 한 그 상황을 개선하려고 하고, 그것이 불가능할 경우에는 그 상황을 있는 그대로 받아들인다. 불쾌한 상황 자체가 우리에게 혼란을 일으킬 수는 있지만, 끔찍스러운 파멸을 가져오는 일은 거의 없다.

5. 인간의 불행은 외부 환경 때문이며, 인간의 힘으로는 그것을 통제할 수 없다.

이러한 생각을 정서적 무책임감(emotional irresponsibility)이라 한다. 실제로 외부적인 힘이나 사태가 우리에게 물리적 영향을 줄 때도 있지만, 그런 경우는 우리가 생각한 만큼 그리 많지는 않다. 누군가가 나에게 불친절하고, 적대적이며, 화를 낼 경우, 우리는 자기 자신에게 그것이 얼마나 끔찍한 일이냐고 설명함으로써 우리 스스로를 혼란시킨다. 지혜로운 사람은 외부적 상황으로 인하여 잠시 심리적인 고통을 당할 수는 있지만, 곧 이 사태에 대하여 합리적인 판단을 내리고 부정적인 자기 말(self-talk)의 내용을 변화시킴으로써 자신의 반응을 변화시킬 수 있다.

6. 위험하거나 두려운 일이 일어날 가능성이 언제든지 존재하므로 이것은 커다란 걱정의 원천이 된다.

이것은 과잉불안염려(anxious over-concern)이다. 미리 걱정하는 습관은 위험한 사태가 일어날 가능성에 대한 객관적인 평가를 흐리게 할 뿐만 아니라 정작 위험한 일이 발생할 경우에 효과적으로 대처하지 못하게 된다. 때로는 이러한 예기적 걱정이나 불안이 위험한 사태를 실제로 일으키게 하는 촉매역할을 할 수도 있다. 이성적인 사람은 앞으로 발생할 수도 있는 어떤 위험이 자기가 생각하는 것만큼 그렇게 파국적인 것은 아니라는 것과 자기가 느끼는 불안이 오히려 더 해로울 수도 있다는 점을 알고 있다. 그는 또한 위험 상황에 직접 부딪쳐 확인해 보는 일이 중요하다는 것도 알고 있다.

7. 인생에 있어 어떤 난관이나 책임을 직면하는 것보다는 회피하는 것이 더 쉬운 일이다.

이것은 문제회피(problem avoidance)이다. 자기가 해야 할 일을 하지 않고 지내는 것이 때로는 그 일을 실제로 하는 것보다 더 고통스러울 경우가 많다. 합리적인 사람은 해야 할 일을 불평 없이 해치운다. 만약에 자기가 책임을 회피할 경우가 생기면 그 이유를 분석하고 자기훈육(self-discipline)을 한다. 그는 도전적이며 문제 해결의 즐거움을 알고 있다.

8. 우리는 타인에게 의존해야만 하고, 자신이 의존할 만한 더 강한 누군가가 있어야 한다.

   이것은 의존성(dependency)이다. 우리 모두가 서로 의존하며 살고 있는 것이 사실이지만 의존성을 극대화할 이유는 없다. 왜냐하면, 그것은 독립성, 개체성의 상실을 가져오기 때문이다. 대체로 의존적인 사람은 점점 더 의존적이 될 뿐 아니라, 정서적으로 불안하기 쉽다. 이성적인 사람은 독립적이려고 노력하지만, 도움이 필요할 때는 다른 사람에게 도움을 구할 줄도 안다.

9. 우리의 현재 행동과 운명은 과거의 경험이나 사건에 의하여 결정되며, 우리는 과거의 영향에서 벗어날 수 없다.

   이것을 무력감(helplessness)이라 한다. 과거의 경험이나 사건이 현재의 행동에 결정적인 영향을 미치는 경우도 있지만, 이와는 반대로 과거에는 필요했던 행동이 현재에는 필요하지 않을 수도 있고, 과거의 문제해결책이 현재에는 적절하지 않을 수도 있다. 과거에 학습한 것을 극복하는 것이 어렵기는 하지만 불가능한 것은 아니다. 합리적인 사람은 과거의 중요성을 인식하지만, 과거의 영향을 분석하고 이미 획득한 비합리적 신념들에 대하여 의문을 제기하고 과거와는 다르게 행동하여 현재의 자신을 변화시켜 갈 수 있다.

10. 우리는 우리 주변 인물에게 환난이 닥쳤을 경우에 우리 자신도 당황할 수밖에 없다.

   다른 사람의 문제는 대개 나와 무관하므로 다른 사람의 문제에 대해서 지나치게 생각하거나 관여(over-involvement)하는 것 역시 적절하지 못한 경우가 대부분이다. 혹시 다른 사람의 일이 우리에게 영향을 미치는 경우라 하더라도, 그것의 의미를 자신이 어떻게 해석하느냐에 따라 내가 받는 영향의 정도는 달라진다.

11. 모든 문제에는 가장 적절하고도 완벽한 해결책이 반드시 있기 마련이다.

   이것은 완벽주의(perfectionism)이다. 완벽한 해결책이란 없으며 그러한 해결책을 찾으려고 고집하면 할수록 더욱 심한 불안이나 공포를 일으키게 되고, 더 나쁜 결과를 초래하게 된다. 합리적인 사람은 문제에 대한 가능한 해결책을 찾으려고 하며, 최선의 혹은 가장 적절한 해결책을 받아들일 줄 아는 사람이다.

출처: 우리아이행복연구소, https://blog.naver.com/isalang1227/222391778437

2. 갈등 경험 공유하기

친구와의 갈등 상황을 슬기롭게 해결하는 동화책을 소개한다. 해당 내용을 통해 괴롭히고 싶은 친구가 있다면 괴롭힘 당하는 친구의 마음을 짐작해 보도록 한다. 또 자신을 괴롭히는 친구가 있다면 그 친구가 왜 그러는지 이유를 찾아보도록 한다. 상대방의 마음을 들여다보고, 입장을 바꾸어 생각해 보는 시간을 가진다.

또한 친구와 갈등을 겪었던 자신의 경험을 말해보고, 어떻게 해결했는지, 앞으로는 어떻게 해결할지 이야기를 나누도록 지도한다.

우당탕! 싸움은 이제 그만!

----학년 ----반 이름: (   )

- 엔리케와 마리타는 왜 싸움을 거는 걸까요?

_____

_____

- 카밀로가 친구들을 위해 만든 연극은 어떤 내용이었을까요?

_____

_____

- 엔리케와 마리타는 무엇을 느꼈을까요?

_____

_____

- 친구와 갈등을 겪었던 자신의 경험을 떠올려봅니다.
- 친구와의 갈등을 어떻게 해결했나요?

_____

_____

- 앞으로는 또 그런 상황이 발생한다면 어떻게 해결할까요?

_____

_____

3. 갈등 해결하기

  나의 평소의 갈등 해결 방식은 어떠한지 탐색하고 올바른 방법을 찾을 수 있도록 지도한다. 나와 가족, 친구, 선생님 사이에 일어나는 갈등의 모습들을 떠올려보고 노력할 점에 대해 스스로 알도록 한다. 각자 작성해 본 후 집단 토론을 통해 서로 피드백을 해 줄 수 있도록 한다.

갈등 태도 점검하고 해결하기

____학년 ____반 이름: (   )

● 친구와 불편하고 갈등적인 상황이 생겼을 때, 나는 주로 어떻게 행동하는지 체크해 보세요.

회피		적극적 노력	
그 때 해결하기보다는 쌓아두는 편이다.		상대방의 입장을 충분히 듣기 위해서 노력한다.	
친구가 이해하지 못할 것이라 생각하고 진지하게 대화하지 않는다.		내가 무엇이 불만스러웠는지 이야기한다.	
친구의 심정이나 의견을 묻기보다는 짐작하는 편이다.		적극적으로 타협하려고 한다.	
현재의 문제와 관계없이 전에 있었던 문제들을 말한다.		나의 잘못은 솔직하게 인정하려고 한다.	

● 평소 겪는 갈등 문제와 해결방안을 탐색해 보세요.

관계	갈등 문제	해결방안
친구		
부모님		
선생님		

● 갈등 해결을 위한 나의 다짐을 적어보세요.

_____

_____

4. 자살에 대해 물어보고 들어주기

　동화책을 통해 힘들어하는 친구에게 먼저 물어보고 들어주는 행동의 중요성을 알고 해당 상황이 닥쳤을 때 실천할 수 있도록 연습해 본다.

　책 『이상, 몰래카메라였습니다』 중 「누렁이, 자살하다」는 떠돌이개 누렁이가 유일한 친구이자 보호자였던 은지가 떠난 뒤 옥상에서 떨어져 숨을 거두는 이야기이다. 누렁이가 옥상에서 떨어져 죽었는데 이는 정말 사고였을까? 옆에서 은지와 누렁이를 지켜보았던 선웅이는 누렁이가 사고를 당한 것이 아니라 스스로 죽음을 택했을 것이라고 짐작한다. 그 이유는 누군가로부터 처음 사랑과 관심을 받아보았을 누렁이의 마음을 짐작할 수 있기 때문이다. 또한 은지가 누렁이를 보살피며 남모를 외로움과 허기를 달랬던 정황도 이해하기 때문이다. 관찰자였던 선웅이는 은지와 누렁이가 떠난 자리에서 세상에는 눈에 보이는 것 이상의 복잡하고 심오한 사정이 있다는 사실을 깨닫게 된다.

　짝을 지어 도입에서 읽었던 동화 속 등장인물인 누렁이와 선웅이의 역할을 정하고, 이들의 감정을 짐작해 보며 역할극을 한다. 상대의 역할을 바꾸어 해보도록 한다.

물어보기: "죽고 싶다는 생각하고 있어?"

● **죽음에 대해 직접 물어보기**

'죽음이라는 단어를 부정적으로 표현하지 말고 '죽음' 그 자체에 관해 물어봐 주세요.

도움이 되지 않음: "누렁아, 죽으려는 쓸데없는 생각을 하는 것은 아니지?"

도움이 됨: " 누렁아, 너 요즘 밥을 잘 먹지 않는 것 같던데, 죽을 생각을 하고 있니?"

'죽을 생각하고 있는 것은 아니지?' 등의 표현은 이야기를 듣고 싶지 않다고 생각될 수 있으니 '죽을 생각하고 있니?'와 같이 직접적인 표현을 사용해 주세요.

도움이 되지 않음: "누렁아, 너 설마 죽으려는 생각을 하는 것은 아니지?"

도움이 됨: "누렁아, 힘이 없어 보이는데 죽을 생각하고 있니?"

들어주기: "무슨 일 있었어?"

● **죽음을 생각한 이유와 삶의 이유 듣기**

'시간이 지나면 괜찮아 질거야' 등 충고하기보다는 도움이 필요한 누렁이의 이야기를 경청해 주세요.

'쓸데없는 생각하지 말고 네 할 일이나 잘해' 등 비아냥거리는 말은 더 큰 상처를 줄 수 있으니 하지 마세요.

'진짜로 힘들었겠다. 그렇게 힘들었는데 어떻게 견디니?' 등의 격려하는 말로 공감받고 있다는 걸 알려주세요.

5. 위급 상황 시 도움을 요청하기

죽음을 고민하는 사람에게 죽지 말라는 이야기는 도움이 되지 않는다는 것을 알려준다. '죽고 싶다'는 말에는 살고 싶다는 마음과 도와 달라는 요청이 담겨 있으니 물어보기, 들어주기를 한 후에 위험 징후가 보이면 도움을 요청하도록 한다. 위기상황 시 즉각 도움을 요청할 수 있도록 미리 연습해 본다. 같이 홈페이지에 들어가 보고, 긴급 전화번호도 저장해 본다.

도움 요청하기 '같이 가볼래?'

1. 도움을 받을 수 있는 사람 혹은 기관을 소개해 주세요.

학교	보건 선생님, 상담 선생님, 사회복지사 선생님께서 내 고민을 들어주실 거예요.
교육청	학교가 위치한 지역의 교육청에 청소년 상담실 또는 위센터(wee center)가 있어요.
한국청소년상담원	www.Kyci.kr로 접속하거나, 02-2253-3811로 전화할 수 있어요. 사이버 상담센터, 온라인 심리검사, 비밀상담실, 채팅상담, 또래 상담 등이 가능해요. 지역별 청소년상담지원센터를 검색할 수도 있어요.
청소년종합정보서비스	https://www.youth.go.kr로 접속하면 필요한 도움을 받을 수 있어요.
긴급전화	자살 및 정신건강 위기 상담전화 1577-0199 생명의 전화 1588-9191 보건복지 콜센터 희망의 전화 129 헬프콜 청소년 전화 1388 학교폭력근절 긴급전화 117 긴급전화 1388로 전화하세요. 위급한 청소년을 돕기 위한 번호이니 기억하세요.

2. 자살도구를 가지고 있다면 친구와 합의하여 폐기 또는 분리하여 위험한 환경을 바꿔 주세요.

3. 혼자 있지 않도록 해주세요.

 - 즉각적인 위기가 완전하게 지나갈 때까지 곁에 머물러 있어줘야 해요.

6. 생명존중 서약서 작성하고 낭독하기

진지한 분위기에서 서약서를 작성하고, 큰 소리로 함께 손을 들고 선서를 하도록 한다.

생명존중 서약서

나 (   )는/은
생명을 소중하게 생각하고 존중할 것을
다음과 같이 서약합니다.

하나, 나는 나의 생명을 존중하고 소중하게 여기겠습니다.

둘, 나는 힘들고 어려울 때 혼자 고민하지 않고, 주위 사람들에게 알려 적극적으로 도움을 받겠습니다.

셋, 나는 내 주변에 위기 상황에 처해 있는 사람을 발견하였을 때는 선생님이나 기관에 연락하고, 그 사람을 기꺼이 도와주겠습니다.

넷, 나는 나의 삶의 위기를 인생의 한 부분으로 받아들이며 어떠한 위기의 순간에도 내 생명을 지킬 것입니다.

년   월   일

서약자:

---

7. 위기상황 연습해보기

자살 위기에 있는 친구를 돕는 역할극을 해본다. 자살 위기에 있는 청소년(유미)을 돕는 사례를 나누어 준다. 여기서 돕는 이(이준)는 친구 혹은 교사일 수 있으며 표현은 대상에 따라 적절히 변형하여 사용하면 된다. 짝을 지어 유미 혹은 이준이 역할을 각각 따라하면서 위기의 청소년의 마음을 이해하고, 돕는 이의 역할에 대해 느끼도록 한다.

그리고 예시를 바탕으로 소별로 각색하여 대본을 작성해본다. 위기 상황에 개입하는 역할에 익숙해 질 수 있도록 연습하도록 한다. 위기에 개입할 때에는 막연히 대처하는 것보다는 절차에 따라 개입하는 것이 안전하다는 것을 알려준다.

자살 위기 상황에 놓인 친구 돕기

★ 짝을 지어 역할을 정하고 역할극을 해봅니다.

1. 관계 맺기

친구를 비판 없이 수용하고 이야기를 하도록 하는 것이 중요합니다.

이준: 유미야, 요즘에 힘드니? 밥도 잘 안 먹고 혼자 다니는 거 같아서.

유미: 아무 일도 아니야.

이준: 아니~ 나는 그냥 걱정이 돼서. 내가 잘못 본거면 미안해. 너, 기분 나쁘게 하려고 했던 것은 아니야.

유미: 아니야 됐어.

이준: 나는 혹시 니가 무슨 일 있으면 혼자 힘들어하지 않았으면 좋겠어.

유미: 아~ 니가 어떻게 할 수 있는데?

2. 구체적 질문을 통해 위기 평가하기

구체적인 질문을 통해 친구의 문제에 관심이 있다는 것을 보여줘야 합니다. 그리고 자살에 관한 직접적인 질문을 통해 자살시도 경험과 그 심각성을 평가할 수 있습니다.

이준: 유미야, 그래도 우린 친구잖아. 그냥 모른 척하는 것은 아닌거 같아서 그래.

유미: 그냥... 요즘 학교고 집이고 다 싫고 답답하고... 휴~모르겠어. 그냥 속상하고 슬프고 그래.

이준: 그랬구나. 나는 니가 그렇게 힘든지 몰랐는데... 얘기해줘서 정말 고마워.

유미: 그냥~ 사는 게 재미가 없다. 다른 애들은 즐거운 거 같은데 나는 다 싫다.

이준: 사는 게 재미 없어? 유미야, 혹시 너 죽고 싶다는 생각도 해본 적 있어?

유미: 뭐~ 그렇지 뭐.

이준: 죽으려고 구체적인 방법을 생각해 본 적도 있는 거야?

유미: 그냥 인터넷도 찾아보기도 하고 그런 거지 뭐~

3. 지지망 연결하기

친구의 힘이 되는 자원을 발견하고 자살예방을 위해 함께할 수 있는 방법을 찾아봅니다.

이준: 니가 잘못 되면 친구들과 부모님이 어떻게 살아갈지 생각해 본 적 있니?

유미: 처음에 조금 슬퍼하다 적응하시지 않을까?

이준: 글쎄, 네 부모님은 정말 마음이 아파서 제대로 살아가지 못하실 거야.

유미: 그렇게 생각하니 나쁜 짓은 못하겠다.

4. 이해하기

친구를 이해하고 안전한 상태가 되도록 돕습니다.

이준: 유미야, 자살에 대한 생각을 하지 않는다고 약속해줘. 진짜로 난 걱정돼.

유미: 니가 이러는데 내가 어떻게 나쁜 짓하겠냐! 야! 나쁜 생각 안 할 테니까 안심해.

이준: 정말이지? 나 너 믿어도 되는거지?

유미: 누가 이런 내 마음을 이해할까... 하고 생각했었는데, 너와 얘기하면서 마음이 좀 풀렸어. 앞으론 자살생각을 하지 않도록 노력해 볼게.

5. 지원하기

친구의 생각과 감정에 직접적으로 개입하여 도울 수 있어야 합니다. 그리고 도움을 줄 수 있는 사람이나 기관을 소개합니다.

이준: 그래 다행이다. 고마워.

유미: 야, 고맙긴 내가 고맙지.

이준: 혹시 필요하면 상담 받아볼래? 내가 같이 가줄게.

유미: 좀 더 생각해보고 너한테 얘기할게.

이준: 그래. 그렇게 하자. 대신 또 고민 생기면 편하게 얘기해. 알았지? 아니면 편하게 상담받을 수 있는 곳이 있다고 하던데 너한테 알려줄게. 24시간 전화상담도 하고 온라인 상담도 한다니까 혹시 필요하면 연락해봐.

유미: 알았어. 고마워.

* 자살예방 전문기관 상담 및 긴급 도움 요청 전화

기 관 명	전 화 번 호
생명의 전화	1588-9191
서울시자살예방센터 자살예방 핫라인	1577-0199
청소년 사이버상담센터(헬프콜)	1388
학교폭력근절 긴급전화	117
보건복지상담센터 희망의 전화	129
중앙자살예방센터	02-2203-0053
모바일 기반 학생 위기문자 상담망 ('다 들어줄 개')	1661-5004 어플, 카카오톡, 페이스북 등

* 출처: 장창민 외(2019) 삶의 성찰 죽음에게 묻다, pp. 400-404 발췌 및 재구성.

자살 위기 상황에 놓인 친구 돕기

★ 단계에 맞게 대본을 작성하고 역할극을 해봅시다.

1. 관계 맺기
   친구를 비판 없이 수용하고 이야기를 하도록 하는 것이 중요합니다.

2. 구체적 질문을 통해 위기 평가하기
   구체적인 질문을 통해 친구의 문제에 관심이 있다는 것을 보여줘야 합니다. 그리고 자살에 관한
   직접적인 질문을 통해 자살시도 경험과 그 심각성을 평가할 수 있습니다.

3. 지지망 연결하기
   친구의 힘이 되는 자원을 발견하고 자살예방을 위해 함께할 수 있는 방법을 찾아봅니다.

4. 이해하기

친구를 이해하고 안전한 상태가 되도록 돕습니다.

5. 지원하기

친구의 생각과 감정에 직접적으로 개입하여 도울 수 있어야 합니다. 그리고 도움을 줄 수 있는 사람이나 기관을 소개합니다.

3. 상실대처교육

1) 이성적 접근

◎ **주제**: 상실 이해하기
◎ **학습목표**: 일상생활에서 일어나는 상실을 이해할 수 있다.
◎ **활동**

1. 상실에 대한 생각을 나누고, 구체화하기

'상실'이라는 단어를 들었을 때 어떤 생각이 드는지 자유롭게 이야기하게 한다. 다른 친구들의 생각을 들으며 자신이 상실에 대해 가지고 있던 선입견을 극복하고 상실을 폭넓게 이해할 수 있도록 한다.

3분 정도 그 단어를 묵상하고, 떠오르는 모든 단어, 느낌, 이미지를 적는다. 그리고 상실과 관련해 문장을 완성하도록 한다. 반을 소그룹이나 짝으로 나누고 학생들이 서로 문장을 공유하게 한다.

상실 탐색하기

____학년 ____반 이름: (   )

● 상실과 관련해 떠오르는 단어를 자유롭게 작성해 보세요.

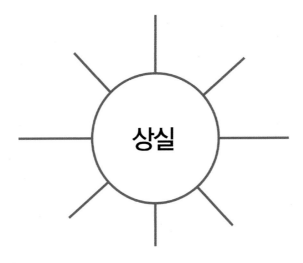

● 상실과 관련해서 문장을 완성해 보세요.

나에게 상실은 _____ 이다.

2. 상실에 관한 생각 새롭게 하기

책 『할머니가 남긴 선물』의 줄거리는 다음과 같다. 손녀 돼지와 행복하게 살던 할머니 돼지에게 서서히 죽음이 다가온다. 손녀 돼지도 할머니의 죽음을 어렴풋이 느끼고 있다. 할머니는 자신이 해야 할 일들을 차분히 정리하며 손녀 돼지에게 세상이 얼마나 아름다운지, 그리고 산다는 것이 얼마나 멋진 일인가를 가르쳐 주려고 한다. 이런 할머니의 모습을 보면서 손녀 돼지는 삶에 대해 깨닫게 된다.

학생들에게 해당 동화책을 읽어 준 후 내용에 대해 이야기를 간단히 나누어본다. 그리고 상실의 부정적인 측면과 긍정적인 측면을 나열하도록 한다. 일상적 삶의 소중함을 깨닫게 해주었던 할머니의 선물과 같은 긍정적 측면에 초점을 맞추면서 끝을 맺는다.

상실 새롭게 정의하기

----학년 ----반 이름: (   )

● 『할머니가 남긴 선물』을 읽고 일어난 일을 시간 순서대로 정리해봅시다.

순서	사건
1	
2	
3	
4	
5	

● 할머니와의 이별은 어떤 나쁜 점과 좋은 점이 있을까요?

나쁜 점	좋은 점

● 할머니께 배운 점이 무엇일까요? 할머니의 선물은 과연 무엇일까요?

할머니께 배운 점	할머니의 선물

● 앞으로 이러한 이별, 죽음을 맞이할 때 나와 다른 사람들이 이별을 준비할 수 있기 위해서는 어떻게 할 수 있을까요?

나를 위해 준비할 것	다른 사람들을 위해 준비할 것

3. 영화 "뽀네뜨" 보면서 상실의 상황 인지하기

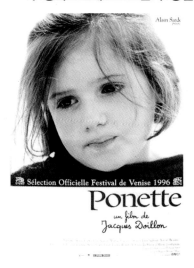

다양한 영화 중에서 "뽀네뜨"는 상실의 상황을 인지시킬 수 있는 좋은 자료가 될 수 있다. 상실이란 소중한 존재와의 이별을 말하는데 이러한 이별은 잠시 이루어질 수도 있지만 대개는 오랫동안 또는 영구히 이루어질 수 있다. 영화 "뽀네뜨"는 어린 주인공이 겪을 수 있는 엄마와의 이별에 대해 다루었다. 뽀네뜨를 보면서 상실이란 어떤 것인지 어떠한 상황인지에 대한 인지를 해보고 어떻게 대처하는 것이 성숙한 대처인가에 대해 생각해 볼 수 있다. 영화 "뽀네뜨"는 러닝 타임이 한시간 반 정도로 저학년 학생들에게는 두 번 정도로 나누어 제시해 줄 수 있다.

영화 "뽀네뜨"를 보고나서 다음의 활동을 해보면서 이별의 수용과정을 이해할 수 있을 것이다.

영화 '뽀네뜨'를 보고 나서

____학년 ____반 이름: (   )

1. 영화에 나오는 인물들은 누구누구인가요?

_____

_____

2. 뽀네뜨에게 상실의 경험이 되는 대상과 그로 인해 뽀네뜨는 어떠한 마음 상태인가요?

_____

_____

3. 뽀네뜨와 같은 상황이 된다면 나는 어떻게 행동할지 써보세요.

_____

_____

4. 뽀네뜨에게 해주고 싶은 말이 있나요?

_____

_____

_____

5. 내게 소중한 사람과의 이별에서 가장 힘든 점은 무엇일지 생각해봅시다.

_____

_____

_____

2) 감성적 접근

◎ **주제:** 상실, 죽음을 앞둔 감정 위로하기
◎ **학습목표:** 상실, 죽음을 앞둔 감정을 이해하며 위로할 수 있다.
◎ **활동**

1. 상실에 관한 감정 나누기

식물이나 곤충, 반려동물이나 친구, 가족과의 이별, 죽음을 겪고 느낀 감정을 이야기해본다. 슬픈 분위기가 아닌 따뜻하고 조용한 분위기에서 접근하도록 한다. 상실은 멀리 있는 것이 아니라 주변에서 일어나고 경험하게 되는 자연스러운 현상임을 알 수 있도록 한다.

〈예시〉	
• 키우던 식물이 죽어서 속상했다. • 가족 같던 강아지를 잃어버리니, 평소에 더 잘해주지 못했던 일들이 생각나 후회된다. • 할머니가 돌아가셨지만 아직 실감이 나지 않는다. • 친한 친구가 이사를 가니 외롭다.	 * 출처: 게티이미지 뱅크

2. 나에게 소중한 것 적어보기

상실의 고통은 나에게 소중한 것을 상실할수록 커진다. 상실의 고통을 마주하기 전 자신에게 소중한 것이 무엇인지를 먼저 살펴보고, 그것을 상실한다면 어떠한 마음일지 상상하면서 충격을 완화할 수 있다. 또한 나에게 소중한 것들이 무엇인지를 깊이 새겨보고 더욱 소중하게 생각하는 마음을 지닐 수 있다.

학생들에게 쪽지에 가장 소중한 것을 세 가지만 적어보게 한다. 세 가지로 제한하는 것은 나에게 가장 소중한 것들이 무엇인지에 대해 생각해보게 하기 위해서이다. 그것이 왜 소중한지에 대해 발표하도록 한다.

그토록 소중한 것을 상실했을 때 어떠한 느낌이 들지, 또 지금까지 그런 경험이 있는지를 나누어보도록 한다.

나에게 소중한 것들

                                 ____학년 ____반 이름: (   )

● 나에게 가장 소중한 것은 무엇인가요?

1.

2.

3.

● 그것들이 나에게 소중한 이유는 무엇인가요?

1.

2.

3.

● 그것을 잃어버렸을 때 어떤 느낌일까요?

1.

2.

3.

3. 상실의 감정 경험하기

학생들에게 눈을 감고 자신에게 가장 중요한 물건에 대해 생각해 보라고 한다. 그것이 어디에 있는지 기억하고 찾기 위해 그곳으로 가는 것을 상상해 보도록 한다. 그런데 그것이 사라져 버렸다고 말하고 학생들이 상실을 인식하게 한다. 눈을 뜨고 이 상실에 대해 어떻게 느끼는지 발표해 보도록 한다. 그리고 플립 차트에 이 감정들의 목록을 만든다. 시간이 30분이 지났지만 여전히 그 물건을 찾지 못했다고 가정했을 때의 감정을 공유한다.

상실의 감정 느끼기

----학년 ----반 이름: (   )

1. 나에게 가장 중요한 물건은 무엇인가요?

2. 물건을 놓아 둔 곳에 갔는데, 그것이 없어졌다면 어떤 느낌일까요?

3. 이 사실을 누군가에게 말할 건가요? 만일 하지 않는다면 왜 하지 않나요?

4. 그 물건이 하루, 일주일, 6개월, 마지막으로 1년 동안 사라졌다고 상상해 보고, 어떤 느낌인지 적어 봅니다.

기간	기간별 상실에 대한 느낌
하루	
일주일	
6개월	
1년	

4. "내 친구 브로디"를 읽고 애도하는 편지쓰기

내 친구 브로디는 소중한 사람과의 상실에 대해 성찰하게 해주는 책이다. 브로디라는 같은 반 친구가 오랜 투병생활 끝에 세상을 떠나면서 친구들과 나눈 우정을 그리고 있다. 이 책을 읽으면서 아이들은 브로디와 같이 내 친구 또는 소중한 사람이 이 세상을 떠난다면 나에게 상실의 아픔이 어떻게 다가올지 느껴보면서 대처의 힘을 키울 수 있다. 책을 읽고 나서 브로디가 소중하게 생각했던 것은 무엇인지, 그리고 선생님은 왜 우셨는지 등에 대해 질문하고 책의 내용을 상기시켜 볼 수 있다.

또한 브로디에게 편지를 써보게 한다. 책의 주인공에게 편지를 써보는 활동은 상실의 경험을 미리 간접 경험해보고 이를 대처하는 힘을 기르게 해준다. 책 속의 친구인 브로디가 나의 친구라면 어떤 이야기를 전해주고 싶은지 편지를 써보면서 학생들은 상실의 아픔을 객관적으로 바라보고 자신의 마음을 추스르는 힘을 기를 수 있다.

브로디에게

----학년 ----반 이름: (   )

5. 죽음을 앞둔 사람의 심리를 이해하기

책 『내가 함께 있을게』는 오리가 죽음을 어떻게 맞이하는지를 잘 보여주는 책이다. 어느 날 죽음은 곧 세상을 떠나야 할 오리에게 찾아온다. 죽음과 오리가 나누는 대화는 죽음이 무엇인지, 지금의 내 삶과 어떤 관련이 있는지, 죽은 후에 어떻게 되는지 하나씩 들려준다. 이 책에서 그려지는 죽음은 살아오는 동안 늘 나와 함께하는 삶의 한 부분이며, 또 삶을 마감하는 순간까지 내 곁에 있어주는 마지막 친구이기도 하다. 책을 통해 죽음을 삶의 한 과정으로 이해하며, 어느 날 문득 죽음이 찾아왔을 때 어떻게 맞을 것인가 진지하게 생각해 볼 기회를 제공해 준다.

동화책의 내용을 정리하며, 퀴블러 로스의 죽음을 수용하는 심리변화 5단계를 간단히 설명한다. 다섯 단계를 순서대로 겪는 사람도 있지만 그렇지 않은 사람도 있고, 마지막 수용단계에 도달하지 못하고 죽는 사람도 있다는 점에 유의하여 지도한다. 평소 우리가 죽음에 대해 얼마나 생각하고 어떠한 마음가짐을 갖는가에 따라 맞이하는 죽음이 다를 수도 있음을 설명한다.

죽음을 받아들이는 감정의 변화에 따른 위로

● 죽음의 5단계

부정	분노	타협	우울	수용
• 결과가 잘 못 나왔을 거야	• 왜 나에게 이런 일이 생겼지?!	• 이번만 살려주면 열심히 살겠어요.	• 슬퍼, 나 혼자 있고 싶어	• 그래, 죽음을 준비해 보자

● 오리가 죽음을 받아들이는 감정의 변화를 적어보세요.

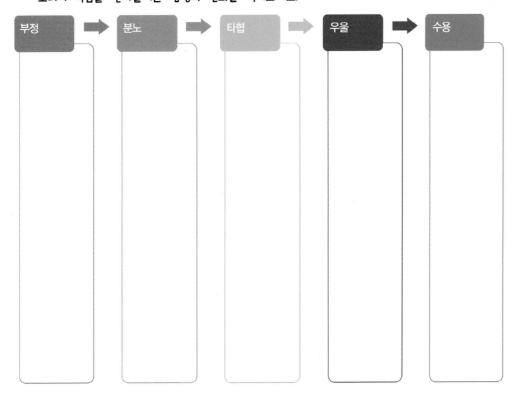

● 오리의 감정 변화에 따라 위로의 말을 적어보세요.

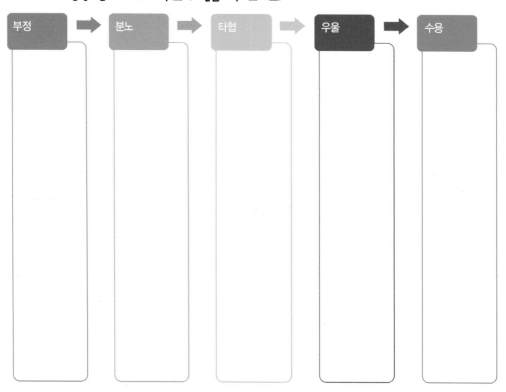

| 부정 | 분노 | 타협 | 우울 | 수용 |

● 내가 만약 오리였다면 어떤 감정의 변화를 겪었을지를 상상하며 작성해 보세요.

_____

_____

_____

_____

_____

퀴블러 로스의 죽음을 수용하는 5단계

퀴블러 로스라는 심리학자는 임종을 맞이하는 말기환자들을 오랜 기간 연구하여, 죽음에 이르는 정신상태를 5단계로 구분하였다. '부정·분노·타협·우울·수용'의 5단계는 꼭 죽음을 맞이하는 환자들뿐만 아니라, 암이나 만성질환, 난치병 등의 진단을 받아들이는 환자들에게서도 흔히 나타난다.

1단계 부정(denial)에서 많은 사람들은 단 한번의 진단으로 받아들이지 못하고 거부하고 확인하고 싶어 한다. 검사가 잘못된 건 아닐까? 의사가 실수하는 건 아닐까? 의심하고 다른 병원에 가서 다시 한 번 검사하고 확인하고 심한 경우에는 모든 의사들이 다 짜고 나를 골탕 먹이려 한다고 생각하고, 치료를 거부하며 아무 것도 하지 않은 채 세월을 보내기도 한다. 부정은 보호자들에게도 흔히 일어나는데, 치매 환자의 보호자들 중에서는 "우리 어머니는 그럴 분이 아니야. 금방 다시 좋아지실거야"라는 생각에 치료를 거부하고 오히려 환자를 더 위험에 빠뜨리는 경우도 많다.

2단계 분노(anger)에 이르면 "왜 하필 나야?"라는 생각에 분노와 원망으로 바뀐다. "내가 이런 병에 걸린 건 너희 때문이야"라는 생각에 가족이나 사회 전체에 적의를 드러내기도 하고, 하나님을 원망하기도 하면서, 신경질적인 반응을 보이기도 한다.

3단계 타협(bargaining)에서는 오히려 긍정적이며 밝은 모습을 보이고, 이리저리 빠져 나갈 방법을 찾는다. 주위의 온갖 좋다는 것들은 닥치는 대로 다 하게 되고, 많은 정성과 노력을 들여서 내가 이렇게 열성으로 하면 좋은 결과가 있을 거라는 막연한 기대를 하게 된다. 종교적인 귀의를 하기도 하고, 주위 사람들에게 선행을 베푼다거나, 새로운 생활패턴을 가진다거나 하는 여러 가지 시도들과 건강을 바꾸고 싶어한다.

4단계 우울(depression)은 여러 가지 시도에도 불구하고 별다른 효과 없이 계속 진행되는 병세를 보면서 심한 우울감에 빠진다. 결국은 아무 소용도 없다는 생각에 치료를 중간에 포기하기도 하고, 남겨질 가족들이나, 일들을 걱정하면서 우울증을 겪는다.

5단계 수용(acceptance)의 마지막 단계는 이런저런 여러 가지 일들을 겪은 후에 결국 자신이 할 수 있는 일과 할 수 없는 일을 구분하게 되고, 할 수 있는 일에서는 최선을 다해서 마지막까지 노력하고 할 수 없는 일은 담담하게 현실을 인정하고 받아들일 수 있게 된다.

이 단계들을 잘 살펴보면 1, 2단계에서는 부정적이고 음울한 감정 상태인 반면, 3단계에서는 긍정적이고 밝은 면으로 바뀌게 되고 4단계에서는 다시 의기소침한 상태가 되었다가 5단계에서는 평온한 상태가 된다. 전반적인 감정상태나 생활태도가 부정-긍정을 되풀이 하면서 결국 안정을 되찾아 가는 것이다.

출처: 엘리자베스 퀴블러 로스, 이진 역(2008), 죽음과 죽어감, 이레.

6. 상실, 죽음을 경험한 사람을 위로하기

자신의 경험과 시를 통해 상실, 죽음의 아픔을 겪는 사람의 감정을 이해하고 어떻게 위로할지 연습해 보도록 한다. 먼저, 부모, 친구와의 이별, 소중한 물건을 잃어버리거나 반려동물의 죽음 등 나의 경험을 떠올려보며, 그 상황에 맞게 위로할 수 있는 말들을 생각해 보도록 한다.

그리고 이해인 수녀의 '어떤 결심'이라는 시를 낭독해 보도록 한다. 이는 암 투병 중인 이해인 수녀가 여전히 삶에 대한 기쁨과 감사를 놓지 않고, 작고 소박한 것들의 소중함과 행복에 대해 노래하는 시이다. 학생들이 이 시를 읽고 지은이의 감정을 짐작해보고 위로하는 연습을 역할극을 통해 해보도록 한다. 역할극 후 어떤 말이 위로가 되었는지 그리고 어떤 말이 위로가 되지 않았는지 함께 생각하는 시간을 갖도록 한다.

위로하기

----학년 ----반 이름: (   )

● **내가 경험했던 상실을 떠올려 봅니다.**

1. 그때의 나의 감정을 적어보세요.

2. 어떤 말을 들었다면 위로가 되었을지 적어보세요.

● 아래의 시를 낭독해 봅니다.

어떤 결심

이해인

마음이 많이 아플 때
꼭 하루씩만 살기로 했다

몸이 많이 아플 때
꼭 한순간씩만 살기로 했다

고마운 것만 기억하고
사랑한 일만 떠올리며
어떤 경우에도 남의 탓을 안하기로 했다

고요히 나 자신만
들여다보기로 했다

내게 주어진 하루만이
전 생애라고 생각하니
저만치서 행복이
웃으며 걸어왔다

『희망은 깨어있네』 중에서

● 지은이는 어떤 감정일지 적어보세요.

_____

_____

_____

_____

출처: https://www.donga.com/news/Culture/article/all/20170729/85579228/1

● 지은이에게 위로의 말을 적어 보세요.

_____

_____

_____

_____

출처: https://www.donga.com/news/Culture/article/all/20170729/85579228/

● 지은이와 지은이 친구의 역할을 정해 역할극을 해보세요.

* 대체 가능한 다른 시

내 안의 매듭

작자 미상

내 안에 매듭이 있어요.
풀 수 없는 매듭은
강하고 아파요
마치 그 매듭에 돌을 하나 올려놓은 것처럼

나는 항상 옛날을 기억합니다.
우리의 여름 별장에서 놀았던
할머니 댁에 가서
할머니 집에 할머니와 함께 머물렀던
다시 돌아오길 간절히 바라는 그 날들을

어쩌면 이 매듭이 풀릴지도 몰라요.
옛날 그 시절이 다시 돌아올 때는 말이죠.
하지만 내 안에 매듭이 있어요.
너무 강해서 나를 아프게 해요
마치 내 안에 돌이 있는 것처럼.

출처: Barbara Ward(1996). Good Grief. Jessica
    Kingsley Publishers

왜 나에게 이런 일이(Why Me?)

샐리 크로셜

상실, 이별에 대해 슬퍼하고,
- 왜 나야, 왜 나야? -
외로움, 거절에 대해 슬퍼하고,
- 왜 나야, 왜 나야? -
충격과 절망을 느끼고,
- 왜 나를 골라? -
아무리 발을 구르고, 소리를 지르고, 물건을 부숴도,
- 내 잘못이라고, 내 죄라고? -
우울함과 절망감을 느끼고,
- 말도 안돼, 말도 안돼! -
가장 말할 수 없는 억압.
- 말하지마, 말하지마! -
무언의 생각, 너무 고요한 집. 집?
- 터지고, 부서지는 -
애도하고 신음하는 나를 도와주세요.
그리고 애도 속에서, 평화를!

출처: Barbara Ward(1996). Good Grief. Jessica
    Kingsley Publishers

3) 실천적 접근

◎ **주제:** 상실에 대처하기

◎ **학습목표:** 상실에 대한 대처를 해보고 이를 일상생활에 적용시켜 볼 수 있다.

◎ **활동**

1. 상실을 가정하고 편지쓰기

학생들에게 이미 사별한 사람이나 이별한 반려동물을 떠올리도록 한다. 그리고 그 상대에게 편지를 써보도록 한다. 대상에게 자신의 감정을 표현해보고 슬픔을 극복하는 과정을 상상해보도록 한다. 편지에 포함시킬 내용은 다음과 같다.

- 자신의 감정
- 그리운 점
- 사별한 대상에게 알려주고 싶은 것
- 그들이 살아있을 때 해주고 싶은 말
- 그들을 기억할 수 있는 방법
- 그들이 나의 일부로 존재하게 될 방법

2. 상실에 처한 이들의 삶의 의미 나누기

시한부 암환자가 말하는 버킷리스트에 관한 영상을 소개한다. 시청 후 시한부 환자에게 삶의 의미는 무엇인지 이야기를 나누어본다. 그리고 학생들에게 어떤 느낌이 들었는지 물어보고 삶의 소중함을 느낄 수 있도록 한다.

〈30살 시한부 암환자.. 보살들을 오열하게 만든 그의 버킷리스트는?〉
https://youtu.be/N3AccObAd98

〈'시간을 조금만 더 허락해 주세요' 간암 말기 아버지의 마지막 소원〉
https://youtu.be/xaUPROXuEDg

3. 애도를 위한 가상 장례식 참여하기

　인간이 공통적으로 만들어 놓은 애도 문화 중에 대표적인 장례식은 상실의 아픔을 실제로 받아들일 수 있도록 도와줄 수 있는 행위이다. 장례식을 통해 충분히 애도하고 상실의 아픔을 다른 사람들과 나누는 행위는 상실의 아픔을 견딜 수 있도록 해준다. 대체로 장례식을 경험해보지 못한 아이들이 장례식에 참여해 봄으로써 상실의 경험은 누구에게나 일어날 수 있는 것임을 받아들일 수 있는 계기를 만들어 줄 수 있다. 또한 장례식을 간단하게 수행해봄으로써 상실의 대상이 되는 생명에게 표할 수 있는 예를 익힐 수 있다.

　장례식은 앞서 브로디에게 썼던 편지를 전달하고 꽃을 만들어서 빈 책상에 놓아두고 묵념 등의 행위를 통해 장례식을 구성해볼 수 있다. 우선 편지를 쓰고 여기에 장식할 수 있는 꽃을 만들거나 꽃을 따로 만들어서 조의를 표할 수 있음을 주지시킨다. 자신이 직접 쓴 편지와 꽃을 빈 책상에 경건하게 놓아둠으로써 가상의 대상에게 감정이입하여 생명의 소중함을 느껴볼 수 있다. 이러한 활동을 하기 전에 장례식은 왜 필요하고 어떤 과정이 필요한지에 대해서도 경험을 나누면서 아이들과 장례식을 함께 구성해보는 것도 의미있는 작업이 될 것이다. 장례식을 직접 해볼 때의 유의점은 상실의 대상이 되는 생명의 존재에 대한 경건한 마음과 슬픔의 마음이 무엇보다 중요함을 주지시키도록 한다.

　다음은 꽃 접기의 예이다. 꽃은 알록달록하기보다 검은색과 흰색을 이용하여 만들어 특별한 의미를 되새기도록 한다.

고학년 예시

4. 유한한 삶 인식하기

학생들에게 자신이 한 달 뒤에 죽는다고 가정해보도록 한다. 타임라인에 따라 하고 싶은 버킷리스트를 작성해 보도록 한다. 그리고 삶을 정리해야 하며 묘비문을 진지하지만 무겁지 않은 분위기에서 작성하게 한다. 그리고 본인의 묘비문을 낭독해 보는 시간을 가진 후, 앞으로 어떤 삶을 살아야 할지 생각하는 시간을 가진다.

나의 버킷리스트 작성하기

____학년 ____반 이름: (   )

한달 전

3주 전

2주 전

1주 전

하루 전

떠난 이가 남은 이에게 전하는 말,
혹은 남은 이가 떠난 이를 기리기 위해 새기는 말

〈예시〉

* 영원히 살 것처럼 꿈꾸고 오늘 죽을 것처럼 살다 간 사람.

* 행복하게 자기 인생을 살다간 OOO, 여기 잠들다.

* OOO의 묘, OOOO년 생.

  그는 하고 싶은 것과 갖고 싶은 것이 너무나 많아 늘 열심히 바쁘게 살다간다.

* OOO의 묘, OOOO년 생.

  그녀는 정말로 열심히 일했을 뿐 아니라 기발한 아이디어를 개발해 자신과 불우한 이웃을 위해 살았다. 한평생을 아름답게 보내다가 평화롭게 잠들다.

● 아래에 자신의 묘비문을 작성해 보세요.

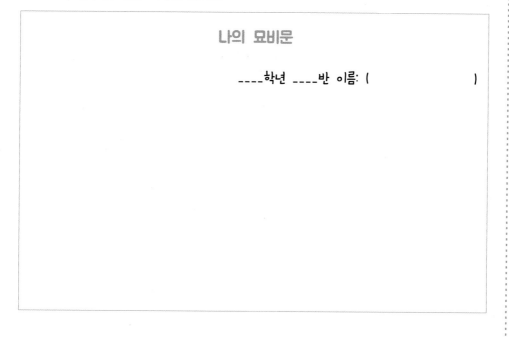

나의 묘비문

----학년 ----반 이름: (   )

5. 후회 없는 삶을 위한 계획 세우기

인생은 유한하며 오늘 우리는 어떻게 살 것인지 생각해 보는 시간을 갖는다. 지나가면 다시 돌아올 수 없는 소중한 하루를 후회 없이 살기 위해 지금 당장 무엇을 할 수 있을지를 적어보도록 한다. 평소에 무관심하게 지나쳤던 자신과 주변 가족, 친구들에게 하고 싶은 말이나 행동을 구체적으로 적은 뒤 함께 나누면서, '지금 여기'를 살고 있는 삶의 교육으로 자연스럽게 이어갈 수 있도록 한다.

후회 없는 삶 살기

----학년 ----반 이름: (   )

● 후회 없는 삶을 살기 위해 지금 무엇을 할 수 있을지 적어봅시다.

_____

_____

_____

● 나의 인생 계획표를 작성해 봅시다. 나는 몇 살에 무엇을 하고 싶나요?

나이	계획
10대	
20대	
30대	
40대	
50대	
60대	
70대	
80대	
90대	
100살	

● 나의 좌우명을 만들어 봅시다.

PART

03

죽음이해교육의 적용

Ⅰ 죽음이해교육의 교수 · 학습지도안

1. 생명존중교육

◎ 생명존중교육 저학년용 학습 지도안

단원	생명의 소중함		학년학기	저학년	차시	2
학습 주제	생명의 소중함을 알고 나의 중요성 느끼기		교수 · 학습 모형		탐구 활동 중심	
학습 목표	◦ 생명의 소중함에 대해 알 수 있다. ◦ 나는 어떻게 태어났는지에 대해 알 수 있다. ◦ 나의 소중함을 알고 생명에 대한 존경심을 가질 수 있다.					
인성교육요소	협력, 존중, 소통, 공감					

단계	학습요소	교수 · 학습 활동		시간	자료(ℤ) 및 유의점(*)
		교 사	학 생		
도입	탐구 상황 확인하기	○ 동영상 시청 -태어날 때부터 심장이 밖으로 튀어나와 있는 아이의 동영상을 보면서 생명의 소중함에 대해 생각해 봅시다. -아이는 왜 갑옷을 입었나요? -영상에서 아이의 생명이 위독함에도 부모님은 왜 포기하지 않으셨나요?	-심장이 밖으로 튀어나와 있어서 심장을 보호하려구요... -아이의 생명이 너무 소중해서요...	10′	ℤ 영상 자료 생명의 위대함...심장 '몸 밖에' 달고 태어난 아기 생존 / YTN https://www.youtube.com/watch?v=Lp9QvTlNzLY * 갑옷을 입은 아이 동영상을 보여주고 질문을 던진다.
		생명의 소중함을 알고 나의 중요성에 대해서도 느껴봅시다			
전개	탐색하기	○〔활동1〕생명의 탄생 과정 알아보기 -여러분이 이 세상에 존재하기 위해서는 몇 대 몇의 경쟁을 거쳤을까요? -여러분이 태어나기 위해서는 정자와 난자가 만나 엄마 뱃속에서 10달의 시간을 거치고 수많은 난관을 이겨낸 후 여기에 온 것입니다.	-잘 모르겠습니다. -저는 그렇게 많은 어려움을 뚫고 여기에 있는지 몰랐어요...	10′	ℤ 생명의 탄생과정에 대한 동영상 아기의 탄생 https://www.youtube.com/watch?v=6A9g8lPw-BE * 정자와 난자 등에 관한 설명을 할 때 정확한 언어로 진지하게 설명한다.
	탐구 활동하기	○〔활동2〕『이게 정말 나일까』책읽기 -여러분은 나를 어떻게 생각하고 있어요? -나는 무엇으로 이루어졌을까요?	-저는 제가 재미있는 사람이라고 생각해요... -저는 몸과 마음으로 이루어져 있어요.	20′	

		−나는 정말 소중한 존재일까요? 책을 읽으며 더 생각해봅시다. −책을 읽고 어떤 것들이 기억에 남았나요?	−내가 여기에 있기까지 정말 많은 단계가 있었다는 것을 알 수 있어요.		재『이게 정말 나일까』책 * 책을 읽으면서 아이들의 반응을 살펴며 질문을 던지면서 읽어간다.
	탐구 결과 정리하기	○〔활동3〕 나에 대해 어떻게 생각하는지 알아보기 −이 학습지는 나 자신을 내가 어떻게 보고 있는지에 관해 알아보기 위한 것입니다. 솔직하게 이야기해주세요. −자기의 장점에 대해 생각해보는 숙제를 내주었는데 지금 기록해봅시다.	−저는 제 자신을 ___ 생각합니다. −저의 장점은 ___이라고 생각합니다.	5´	재 학습지 * 자신에 대해 어떻게 생각하는지를 솔직하게 기록할 수 있게 한다. 그리고 자신의 장점에 대해 쓰기 전에 미리 부모님과 상의해서 자신의 장점이 무엇인지 생각해 온 뒤에 쓰도록 지도한다.
		○〔활동4〕 나를 소개해요 −나의 별명, 내가 좋아하는 들에 대해 소개하는 시간을 갖도록 하겠습니다.	−저의 별명은 ___입니다. −제가 좋아하는 것은 ___입니다.	5´	재 학습지 * 자신을 소개하는 데 있어 솔직하고 자세히 할 수 있도록 지도한다.
		○〔활동5〕 친구들이 생각하는 나의 장점 알아보기 −선생님이 나누어 주는 포스트 잇에 친구의 장점을 한 줄로 써서 친구의 학습지에 붙여줄거예요.	−제 친구의 장점은 ___입니다.	20´	재 포스트잇 * 장난으로 장점을 적지 않도록 지도한다. 포스트잇에 쓴 친구의 장점을 해당 학생의 학습지에 붙여준다.
		○〔활동6〕 자신의 생각 정리하기 −지금 나누어주는 학습지에 자신의 생각을 정리해 보고 질문이 생기면 질문도 함께 적어봅시다.	−제 생각을 적어보았어요. 저는 이렇게 생각해요..	5´	재 학습지 * 학습지에 나온 질문에 따라 자신의 생각이 어떠한지 글씨로 또박또박 적어보게 한다.
정리	학습정리 배움 나누기	○ 학습정리 ○자신의 자리 정리하고 소감 발표하기	−생명의 소중함에 대해 생각해 볼 수 있는 시간이었어요. −신기한 느낌이 들었어요.	5´	* 학생들의 생각을 자유롭게 발표하도록 허용적인 분위기를 조성한다.

◎ 생명존중교육 고학년용 학습지도안

단원	커다란 질문, 고마워 죽어 줘서		학년학기	고학년	차시	2
학습 주제	존재의 의미와 이유 알아보기		교수·학습 모형		하브루타 교수·학습모형	
학습 목표	◦ 『커다란 질문』을 통해 자신의 존재에 대한 의미와 이유를 성찰하여 말할 수 있다. ◦ 『고마워, 죽어 줘서』를 통해 생명과 생명 사이에 존재하는 죽음을 인식하면서 생명의 순환을 이해하고 그들에 대해 감사하는 마음을 가질 수 있다.					
인성교육요소	협력, 존중, 소통, 공감					

단계	학습요소	교수·학습 활동		시간	자료(㉔) 및 유의점(*)
		교 사	학 생		
도입	동기 유발 하기	○ 질문던지기 –선생님은 오늘 아침식사로 밥과 된장국, 불고기, 김치를 먹었어요. 여러분은 무엇을 먹었나요? –이런 것들은 어디에서 왔을까요? 마트에서 왔나요?	–돈까스, 밥… –산이나 바다, 들에서 왔어요…	5´	㉔ 여러 음식 사진
전개	읽기 중 활동	책을 읽고 생명에 감사하는 마음을 가질 수 있다.			
		○〔활동1〕책『커다란 질문』읽기 –책을 천천히 읽어 봅시다. 그림을 보면서 어떤 상황인지도 생각해 봅시다. –우리 자신은 왜 있는 걸까요? 우린 왜 태어난 걸까요? 여러분이 볼 때 나(선생님)는 무엇을 하기 위해 이 세상에 온거 같아요? –그럼 이제 여러분도 각자 나는 이 세상에 왜 왔는지 생각해봅시다. –이 책에서처럼 우리가 이 세상에 올 때는 다 이유가 있어요. 여러분은 무엇을 하기 위해 이 세상에 온 걸까요? 〔활동지1〕에 적어보세요.	–선생님하려고요.. 저희들 가르쳐 주기 위해서요.	10´	㉔ 커다란 질문 책 * 책을 읽으면서 혹시 의문이 나거나 하면 바로 질문할 수 있음을 환기시킨다. ㉔ 활동지 1 * 칠판에 "나는 ____ 을 ____ 하기 위해 이 세상에 온거야."를 적어준다. 학생들에게 생각할 시간을 충분히 준다. 원하는 학생은 손 들고 발표할 수 있게 한다.
		○〔활동2〕책『고마워, 죽어 줘서』읽기 –책을 천천히 읽어 봅시다. 그림을 보면서 어떤 상황인지도 생각해 봅시다. 책을 읽으면서 혹시 의문이 나거나 하면 바로 질문해도 좋습니다. –여기에 나온 음식들은 무엇인가요? 이런 음식들은 어떤 과정을 거쳐서 우리에게 올까요? –만약에 우리가 이런 음식을 먹지	–스테이크는 소가 죽어서 온 거예요.. –치킨도 닭이 죽어서 온 거예요. 생선도.	10´	㉔ 활동지 2 * 활동지를 작성할 수 있는 충분한 시간을 준다. 활동지 작성을 할 때에는 내용을 충분히 숙지하였는지 체크하면서 할 수 있도록 도와준다.

		않고 생활한다면 어떻게 될까요? －주인공이 우리를 위해서 희생한 것에 대해 어떻게 생각하나요? －그래서 주인공은 어떤 다짐을 하고 있나요? －[활동지2] '나의 다짐'의 빈칸 채우기를 해보세요.	－양이 부족해질 것 같아요... －고맙고 미안한 마음이요. －나를 위해 죽은 다른 생물들의 생명까지 열심히 살아가겠다고요.		
	읽기 후 활동 질문 만들기	○〔활동3〕책 내용으로 질문 만들기 (모둠 활동, 짝활동) －그럼 이제부터 우리가 앞에서 읽었던 두 권의 책에서 나온 이야기로 조별로 질문을 만들어 보겠습니다. 선생님이 지금 여러분에게 질문을 하듯이 조별로 질문을 한 두개씩 만들어 봅시다. －각 조별로 만든 질문에 어떻게 생각하는지 발표해 볼까요? －이제 책의 내용 중에서 각자 짝꿍과 짝지어서 질문을 주고받는 활동을 해볼까요? 친구는 질문하고 거기에 대해 자신의 생각을 친구에게 간단하게 말해보겠습니다.	 －저희 조는 '사는 데에는 다 이유가 있을까?'라는 질문을 만들어 보았습니다. 그 이유는 ___. －너는 왜 사는 것 같아? －나는 나중에 피겨스케이팅 선수가 되려고.	20´	㉔ 포스트 잇 * 조별로 만든 질문을 쓸 수 있도록 한다. 각 조별로 만든 질문을 포스트잇에 써서 칠판에 붙인다. 그리고 왜 그것이 궁금했는지 조별로 발표해 본다. ㉔ 학습지 * 학습지에 나온 질문에 따라 자신의 생각이 어떠한지 또박또박한 글씨로 적어보게 한다.
	토론 하기	○〔활동4〕책 내용으로 토론하기 (모둠 활동, 전체 활동) －이번에는 각자 만든 질문을 조별로 모아볼 거예요. 그 중에서 찬성과 반대가 나올 수 있는 질문이면서 우리 반 친구들과 같이 꼭 생각해봤으면 하는 질문을 골라보세요.		10´	* 각 조별로 고른 질문을 가지고 찬성과 반대가 비교적 선명한 질문을 아이들과 함께 고른 뒤 반 전체 학생들과 찬성과 반대 토론을 이어간다.
	이해 심화 하기	○〔활동5〕 플로우 맵 짜보기 (전체 활동, 모둠 활동) －이제 각 조별로『고마워, 죽어 줘서』를 읽고 음식물들이 어떻게 우리에게 오게 되는지 플로우맵을 만들어 볼 겁니다. 조별로 음식 종류를 나누어 해보아요.	－모둠 1: 밥 －모둠 2: 스테이크 같은 고기 －모둠 3: 브로콜리 같은 야채 －모둠 4: 갈치 같은 생선	20´	㉔ 학습지 * 플로우맵 작성요령을 설명하고 이해시킨 후 작성하게 한다.
정리	학습정리 배움 나누기	○ 활동 후 느낀 점 나누기 －이번 수업시간에는 동물들의 죽음에 대해 생각해보는 시간을 가졌습니다. 수업시간 동안 기억에 남는 점은 무엇이었나요?	－저는 고기를 좀 줄여야겠다고 생각했어요... －희생한 생명에게 고마운 마음을 가져야겠어요...	5´	* 학생들의 생각을 자유롭게 발표하도록 허용적인 분위기를 조성한다.

2. 자살예방교육

단원	자살예방교육		학년학기	고학년	차시	2
학습 주제	타인의 자살징후 파악하고, 자살 예방하기		교수·학습 모형		독서 토론	
학습 목표	친구의 자살 징후를 파악하고, 자살위기에 처한 친구의 자살을 예방할 수 있다.					
인성교육요소		협력, 존중, 소통, 공감				

단계	학습요소	교수·학습 활동		시간	자료(㉢) 및 유의점(*)
		교 사	학 생		
도입	독서 전 활동	○ **영상 시청** 우리 주변엔 말 못할 어려움으로 인해 소중한 생명을 버리는 일이 종종 발생하곤 합니다. 힘들어 하는 친구를 보았을 때 어떻게 해야 할지 생각하면서 다음 영상을 시청해 봅시다. – 이렇게 주변에 힘들어 하는 친구가 있다면 어떤 행동을 취해야 할까요? – 구체적으로 어떻게 해야 할지 지금부터 함께 알아봅시다.	 – 관심을 가지고 이야기를 들어줘요… – 선생님에게 상담할 수 있도록 권해요.	15´	㉢ 영상 ＜힘든 일은 함께 나눠요＞ https://www.youtube.com/watch?v=a8ELR05ZpKM * 자살을 생각했다가 주변의 도움으로 살아갈 힘을 얻은 친구의 동영상을 보여주고 질문을 던진다.
		죽을 위기에 놓인 친구를 돕는 구체적 방법을 알아봅시다.			
전개		○〔활동1〕 **친구의 위험신호 점검하기** – 친구가 죽을 위기에 놓여 있다는 것을 어떻게 알 수 있을까요? – 친구가 평소와 다르게 행동한다면, 죽을 위기에 놓여 있는지 잘 살펴봅시다. – 친구의 행동, 말 등이 다음 항목에 해당되는 것 같나요? 만약 그렇다면 어떻게 친구를 도울 수 있을까요? 해당 되지 않더라도 앞으로 일어날 수도 있으니 미리 알아두면 도움이 될 거에요. – 동화책을 통해 구체적으로 친구를 도울 수 있는 방법을 알아 봅시다.	 – 잘 모르겠습니다. – 몇 개는 그런 것 같아요.	10´	㉢ 학습지 * 친구를 잘 관찰하여 행동, 말, 그 밖의 점이 다음 항목에 해당하는지 한 문장씩 읽으며 함께 점검하도록 한다.
	독서 중 활동	○〔활동2〕 『**이상, 몰래카메라였습니다**』 **중 누렁이 부분 동화책 읽기** – 누렁이가 옥상에서 떨어져 죽었는데 이는 정말 사고였을까요? – 누렁이를 살릴 수 있는 방법은 없었을까요? – 책을 읽고 어떤 것들이 기억에 남았나요? – 다시는 누렁이 같은 일이	 – 누렁이가 스스로 떨어져 죽은 것 같아요… – 관심을 가지고 위로해 줬다면 괜찮았을 것 같아요… – 누렁이가 힘들어 했던 모습이 기억에 남아요…	15´	㉢ 책『이상, 몰래카메라였습니다』 중 '누렁이의 자살' 부분 * 책을 읽으면서 아이들의 반응을 살피며 질문을 던지면서 읽어 내려간다.

		발생하지 않도록 제2의 누렁이를 도울 수 있는 방법을 생각해 봅시다.			
		○〔활동3〕물어보기 연습: "죽고 싶다는 생각하고 있어?" －이 학습지는 누렁이의 죽음을 막을 수 있는 구체적 방법을 소개한 것입니다. －누렁이에게서 발견한 위험신호와 함께 죽음에 대한 생각을 물어봐 주세요. 죽음에 대해 함께 이야기할 수 있어야 죽음을 생각하는 누렁이를 도울 수 있습니다.	－누렁아, 너 요즘 밥을 잘 먹지 않는 것 같던데, 혹시 죽을 생각을 하고 있니?	5´	자 학습지 * 누렁이의 죽음을 막기 위해 먼저 죽음에 대해 직접적으로 물어보는 연습을 하도록 한다.
		○〔활동4〕들어주기 연습: "무슨 일 있었어?" －죽음을 생각하게 된 이유를 누렁이에게 물어보고, 그런데도 살아갈 이유에 대해 듣습니다. 누렁이와 삶의 이유를 이야기하면서 생각을 바꿀 수 있도록 돕는 것이 중요합니다.	－누렁아, 진짜로 힘들었겠다. 그렇게 힘들었는데 어떻게 견디니? －그럼에도 살아갈 이유는 많을 것 같은데, 넌 어떻게 생각하니?	5´	* 죽음에 대해 들어주는 연습을 하도록 한다. 죽음에 대한 생각을 삶으로 바꿀 수 있게 하는 방법에 대해 생각해 보도록 한다.
	독서 후 활동	○〔활동5〕도움 요청하기 연습: "같이 가볼래?" －도움을 받을 수 있는 사람 혹은 기관을 소개해 주세요. －혼자 있지 않도록 해주세요.	－누렁아, 네가 살아갈 수 있게 도와주는 많은 곳이 있는데 한번 같이 가 볼래?	10´	* 도움을 요청하는 연습을 하도록 한다. 구체적으로 관련 기관의 홈페이지에 방문해 보고, 전화번호 등을 저장하는 등의 정보를 제공한다.
		○〔활동6〕짝과 역할극 해보기 －지금까지 연습한 '물어보기－들어주기－도움요청하기'를 짝과 함께 역할을 정해 역할극을 해보세요. －지금까지 활동을 하면서 느낀 점을 이야기 해봅시다.	－막연하게 위로해 주면 되겠지 생각했는데, 구체적인 방법을 배울 수 있어 좋았어요.	5´ 10´	* 학생들의 생각을 자유롭게 발표하도록 허용적인 분위기를 조성한다.
정리	학습정리 배움 나누기	○생명존중 서약서 작성 및 낭독 －친구의 생명을 지킬 수 있는 구체적 방법을 배워보았어요. －아무리 힘든 상황이라도 우리의 생명을 존중하고, 소중한 생명을 버리는 일을 막을 수 있도록 함께 선서해봅시다.	－나 ( )는/은 생명을 소중하게 생각하고 존중할 것을 다음과 같이 서약합니다...	5´	자 학습지 * 학생들에게 서약서를 나누어주고, 진지하게 낭독할 수 있도록 한다.

3. 상실대처교육

◎ 상실대처교육 저학년용 지도안

단원	소중한 사람의 상실		학년학기	저학년	차시	2
학습 주제	『내 친구 브로디』		교수·학습 모형		독서 토론	
학습 목표	◦ 친구의 상실에 대해 생각해보는 시간을 가질 수 있다. ◦ 소중한 존재의 상실에 대해서도 생각해보고 애도하는 경험을 해볼 수 있다.					
인성교육요소	협력, 존중, 소통, 공감					

단계	학습요소	교수·학습 활동		시간	자료(재) 및 유의점(*)
		교 사	학 생		
도입	독서 전 활동	○ **질문 던지기** －나에게 가장 소중한 것은 무엇인가요? －그렇다면 그런 소중한 존재가 하루아침에 보이지 않는다면 어떤 느낌일까요?	－가족이요... 친구요... 애완동물이요... －저의 자전거요... －허전할 것 같아요... 슬플 것 같아요...	5′	* 나에게 소중한 존재와 물건들에 대해 생각해보는 시간을 가져본다. 그리고 그것들이 왜 소중한지에 대해서도 생각해볼 수 있다.
전개		책 『내 친구 브로디』를 읽고 상실에 대해 생각해볼 수 있다.			
	독서 중 활동	○〔활동1〕『내 친구 브로디』 책 읽기 －선생님이 『내 친구 브로디』 책을 읽어주려고 해요. 잘 들어보아요. －여기에 등장하는 인물은 누구일까요?	 －브로디라는 아이가 등장하는 것 같아요	5′	재 『내 친구 브로디』 책 * 아이들을 집중시킨 뒤에 동화책을 천천히 읽어주며 반응을 살펴본다.
	독서 후 활동	○〔활동2〕독서 후 토의하기 －여기에 등장하는 인물은 누구인가요? －브로디의 꿈은 무엇인가요? －브로디의 성격은 어떠했나요? －브로디가 학교에 나오지 못했던 이유는 무엇인가요? －브로디를 위로하기 위해 친구들이 한 일은 무엇인가요? －페터웨이 선생님이 브로디에게 선물로 준 것은 무엇인가요? 왜 그런 선물을 준 것 같아요? －선생님이 어느날 브로디의 책상 옆에서 눈물을 흘렸는데 그 이유는 무엇인가요? －브로디의 어머니가 한 친구에게 무엇을 돌려주었나요? 그리고 그 이유는 무엇인가요?	 －브로디, 선생님, 친구들, 어머니... －비행기 조종사요 －재미있고 장난치기를 좋아하는 것 같아요... －아파서요.. －카드를 써서 주었어요 －비행기 조종사 모자요... 브로디가 좋아할 것 같아서요... －브로디가 하늘나라로 가서요... －스케치북과 사인펜이요.. 브로디를 기억하라고요...	20′	* 책의 내용을 질문을 통해 정리하면서 상실에 대해 생각해볼 수 있는 시간을 충분히 갖도록 한다.
		○〔활동3〕상실의 느낌 경험하기 －지금 선생님이 진짜 갑자기		5′	재 빈 책상과 그 위에 놓은 꽃 * 실제로 교사가 몇 분 동

		없어졌다고 생각하고 그 느낌을 말해봅시다.	− 갑자기 허전하고 슬퍼요...		안 안 보이도록 한 뒤 그 빈자리를 느껴보는 시간을 가져본다.
정리		○〔활동4〕 **브로디에게 편지쓰고 꽃 만들기** −브로디처럼 우리 옆의 소중한 친구가 없어졌다면 어떨까요? 브로디에게 편지를 쓰고 꽃을 만들어보는 시간을 가져보겠습니다. −다 쓴 친구는 편지와 꽃을 책상 위에 놓아두면 되겠어요.	−마음이 무척 안 좋을 것 같아요...		재 편지와 종이 꽃 * 빈 책상을 준비하여 그 위에 브로디에게 전하는 편지와 꽃을 놓아두면서 애도하는 시간을 가져본다
	학습정리	○ **학습정리** −우리는 소중한 존재를 상실하는 경험을 피할 수 있을까요? −그렇다면 어떻게 이겨내는 것이 좋을까요?	− 아니요...		

◎ 상실대처교육 고학년용

단원	영화 <열두살 샘>		학년학기	고학년	차시	2
학습 주제	자신의 죽음불안을 낮추고 죽음을 수용하는 태도 갖추기		교수·학습 모형		영화를 활용한 flipped learning 하브루타수업	
학습 목표	◦ 시한부인생을 사는 '샘'의 상황을 마치 자신의 일처럼 받아들여보면서 죽음불안을 낮출 수 있다. ◦ 삶의 소중함을 인식하며 아픈 이들을 돕고자 하는 마음을 가질 수 있다.					

인성교육요소		협력, 존중, 소통, 공감			

단계	학습요소	교수·학습 활동		시간	자료(㉴) 및 유의점(*)
		교 사	학 생		
도입	수업 전 과제 제시	○ 영화 <열두살 샘> 예고편 보여주기 -예고편 링크를 보면서 이 영화가 어떤 내용의 영화인지 생각해봅시다. ◦ 질문할 게 있으면 언제든지 물어보세요. ◦ 영화 <열두살 샘>예고편 링크 https://www.youtube.com/watch?v=44qso3uILRY -주인공은 누구인가요? -이 주인공에게 무슨 문제가 있나요? -네, 그럼 여러분에게 이 영화를 보고 작성해 와야 할 활동지를 주겠습니다. 이 활동지 내용을 적어오세요.	 -샘이죠. -아픈 것 같아요. 시한부인거 같아요.	5´	* 미리 영화를 보고 활동지를 작성해오도록 과제를 내준다. https://www.youtube.com/watch?v=bME6RaE61ZU
		영화를 통해 죽음의 불안을 낮추고 상실에 대처할 수 있는 힘을 기른다.			
	내용확인	○〔활동1〕 영화 내용 확인하기 -이 영화의 등장인물은 누구누구인가요? -샘이 겪고 있는 문제는 무엇인가요? -백혈병을 앓고 있는 샘은 지금 무엇을 하고 있나요?	-샘, 펠릭스, 엘라, 엄마, 아빠, 할머니, 케일리, 선생님 -샘은 백혈병을 앓고 있어요. -자신에 대한 기록을 남기고 있어요. 그리고 죽기 전에 하고 싶은 일들을 해나가고 있어요.	5´ 20´	㉴ 학습지 * 영화의 내용이 잘 생각나지 않은 아이들을 대상으로 전체적으로 내용을 요약하고 나서 진행할 수 있다.

전개	심화활동1	○[활동2] 극중 대사 바꿔 써보기(조별 활동, 개별 활동) −여러분 활동지에 적어온 가장 마음에 안 드는 장면을 누가 얘기해 볼까요? −선생님은 가족들이 식사하면서 동생이 오빠는 왜 학교에 가지 않느냐고 물었을 때 샘이 "나는 죽을 거니까"라고 말했잖아요. 그때 아빠의 태도가 맘에 안 들었어요. 아빠는 아직 샘의 죽음을 받아들이고 싶지 않았던 거죠. 그래서 학교에 보내자고 샘 앞에서 엄마와 싸우기도 했어요. −그러면 여러분이 적어온 마음에 안 드는 장면 중 하나를 선택하여 여러분이 샘이라고 가정하고 샘의 마음에 들게 대사를 변경해 보는 시간을 갖겠습니다. 이 활동을 하면서 질문이 있으면 언제든지 손 들고 물어보세요.	−저는 샘이 코피 흘리는 장면이요... 저는 샘이 주스를 마시고 토하는 장면이요.		
	심화활동2	○[활동3] 조별 역할극 활동 −이제 여러분이 만든 대사로 조별로 역할극을 해봅시다. −조별로 역할극을 해 보았는데요, 이렇게 샘의 마음에 들게 대사를 바꾸어보니 어떤 생각이 드나요?	−샘이 조금 덜 슬플 것 같아요. 샘이 더 편안해질 것 같아요.	5′	재 역할극을 위한 재료들 * 역할극을 할 때에는 듣기 태도가 중요함을 인지시키고 잘 듣게 한다.
	심화활동3	○[활동4] 버킷리스트 작성(개별 활동−짝 활동) −샘은 아홉 가지 희망하는 것들을 작성하였는데요, 여러분이 만약 6개월밖에 살 수 없다면 죽기 전에 어떤 것들을 꼭 해보고 싶은가요? 이것을 버킷리스트라고도 말합니다. 선생님이 나눠준 활동지에 10가지씩만 적어볼까요?	−어떤 것이든 써도 되는 거지요?		재 버킷리스트 학습지 * 아이들이 생소할 수 있으므로 담임교사의 버킷리스트를 예시로 사용할 수 있다.
정리	학습정리	○유쾌한 묘비명 써보기 −우리 수업을 정리하는 의미로 묘비명을 작성해봅시다. 여러분은 자신의 묘비명에 어떤 글이 남겨지면 좋겠나요? 활동지에 한번 써보고 공유해봅시다. 되도록 유쾌하고 코믹하게 창의력을 발휘하여 써보세요. −자신의 묘비명을 소개하고 싶은 사람은 크게 읽어보세요. −발표가 끝나고 앞 칠판에 붙인다.	−행복하게 살았으니 후회는 없으리....		재 유쾌한 묘비명 학습지 * 묘비명 쓰기가 너무 심각해지지 않도록 유쾌한 묘비명의 예시를 들려주고 분위기를 가볍게 잡아준다.

참고문헌

김정숙·이순아(2015). 하브루타 교육원리를 적용한 초등학교 독서토론 활성화 방안 연구. 학습자
　중심교과교육연구 15(12).

교육부(2018). 2015 개정 6학년 도덕 교과 교사용 지도서.

교육부·경기도교육청(2015). 생명존중교육 길라잡이.

민형덕(2015). 하브루타로 풀어가는 독서토론 수업, 질문이 있는 교실을 듣고 하브루타를 생각하다.
　2015 수요자 맞춤형 혁신교육집합연수 교재.

서미경·송윤숙·조현행(2011). 창의적 글쓰기를 위한 독서토론 수업의 모형. 독서교육연구 7.

세종특별시교육청(2020). 학생 자살·자해예방 및 생명존중교육 매뉴얼.

신창호·임병식 외(2019). [생명존중] 삶의 소중함을 위한 성찰: 교사를 위한 죽음교육. 한국교원연
　수원.

이진 역(2008). 엘리자베스 퀴블러 로스, 죽음과 죽어감. 이레.

임병식(2021). 「후설과 프로이트의 사후적 재구성」, 죽음학임상실천 강좌 3.

장봉석(2018). 국내 하브루타 학습의 효과에 대한 메타분석. 교육과정연구 36(2).

장창민 외(2019). 삶의 성찰 죽음에게 묻다. 가리온.

중앙자살예방센터, 보건복지부(2012). 청소년자살예방을 위한 3 step guide.

황순길·이귀숙·이혜정(2017). 초등학생 자살예방 프로그램 개발. 한국청소년상담복지개발원.

Fredlund, D. J. (1977). 'Children and death from the school setting viewpoint.' *The Journal
　of School Health*.

Kent, O. (2010). A theory of Havruta learning. *Journal of Jewish Education*, 76(3).

Nelson, M. (1979). Children's concepts of death. *The Journal of Genetics Psychology*, 134.

Segal, A. (2003). Havruta Study: History, Benefits, and Enhancements. Notes from ATID.
　Retrieved from https://files.eric.ed.gov/fulltext/ED482366.pdf

Ward, B. and Associates. (1996). Exploring feelings, loss and death with under elevens(2nd
　ed.). Jessica Kingsley Publishers: London and New York, NY.

1. 생명, 자연, 삶의 소중함

번호	제목	글쓴이	그린이	옮긴이	출판사/연도
1	마주보면 무섭지 않아	질 티보	자니스 나도	이 정주	어린이작가정신/2013
2	100만 번 산 고양이	사노 요코	사노 요코	김 난주	비룡소/2002
3	100인생그림책	하이케 팔러	발레리오 비달리	김 서정	사계절/2019
4	검은 새	이 수지	이 수지	*	길벗어린이/2007
5	나는 기다립니다	다비드 칼리	세르주 블로크	안 수연	문학동네/2007
6	나는 생명이에요	엘리자베스 헬란 라슨	마린 슈나이더	장 미경	마루벌/2018
7	나뭇잎 프레디	레오 버스카글리아	*	전 경빈	창해/2004
8	다시 태어난 개 삼사라 이야기	헬렌 마노스	줄리 비바스	김 선희	담앤북스/2013
9	대추 한 알	장 석주	유리	*	이야기꽃/2015
10	민들레는 민들레	김 장성	오 현경	*	이야기꽃/2014
11	별이 되고 싶어	이 민희	이 민희	*	창비/2008
12	사자도 가끔은	허 아성	허 아성	*	길벗어린이/2020
13	살아 있다는 건	다니카와 슌타로	요카모토 요시로	권 남희	비룡소/2020
14	살아있는 모든 것은	브라이언 멜로니	로버트 잉펜	이 명희	마루벌/1999
15	선인장 호텔	브렌다 기버슨	매건 로이드	이 명희	마루벌/1995
16	수호의 하얀 말	오츠카	아카바	이 영준	한림/2006

		유우조	수에키치		
17	숲으로 간 코끼리	하 재경	하 재경	*	보림/2007
18	시튼 동물기	고 은	한 병호	*	바우솔/2012
19	아낌없이 주는 나무	셸실버스타인	셸 실버스타인	*	시공주니어/2000
20	안녕	안 녕달	안 녕달	*	창비/2018
21	옛날 옛날에 내가 있었다	다니카와 슌타로	카타야마 켄	황진희	거북이북스/2018
22	작은 새	제르마노 쥘로	알베르틴	이 준경	리젬/2016
23	주머니 속의 선물	야나기사와 에미	구보타 아키코	김 미선	미래사/2004
24	지렁이 장례식	마리에 오스카손지바라구나트	로스키네어드	김 경희	제제의숲/2020
25	치로누푸 섬의 여우	다카하시 히로유키	다카하시 히로유키	김 난주	정인/2002
26	행복한 청소부	모니카 페트	안토니 보라틴스키	김 경연	풀빛/2000

2. 가족의 사랑, 소중함

번호	제목	글쓴이	그린이	옮긴이	출판사/연도
1	당신과 함께	잔디어	잔디어	정 세경	다림/2019
2	마레에게 일어난 일	티너 모르티어르	카쳐 퍼메이르	신 석순	보림/2011
3	세상에서 가장 어려운 선택	킴 퍼브스	릴리안 브러거	문 영미	베틀북/2010
4	세상에서 제일 힘센 수탉	이 호백	이 억배	*	재미마주/1998
5	애니의 노래	미스카 마일즈	피터 패놀	노 경실	새터/2002
6	엄마 까투리	권 정생	김 세현	*	낮은산/2008
7	여름의 잠수	사라 스트리츠베리	사라 룬드베리	이 유진	위고/2020
8	오른발, 왼발	토미 드 파올라	토미 드 파올라	정 해왕	비룡소/1999
9	우리 누나	오카 슈조	오카 슈조	김 난주	웅진주니어/2002
10	우리 할아버지	존 버닝햄	존 버닝햄	박 상희	비룡소/1995
11	우리는 언제 다시 만나?	윤 여림	안 녕달	*	위즈덤하우스/2017
12	특별한 손님	앤서니 브라운	앤서니 브라운	허 은미	베틀북/2005

3. 죽음과 상실

1) 할아버지

번호	제목	글쓴이	그린이	옮긴이	출판사/연도
1	너무 울지 말아라	우치다 린타로	다카스 가즈미	유 문조	한림/2012
2	마음이 아플까봐	올리버 제퍼스	올리버 제퍼스	이 승숙	아름다운사람들/2010
3	마지막 이벤트	유 은실	강 경수	*	비룡소/2015
4	바다와 하늘이 만나다	테리 펜	에릭 펜	이 순영	북극곰/2018
5	어느 날	이 적	김 승연		웅진주니어/2017
6	여행 가는 날	서 영	서 영	*	위즈덤하우스/2018
7	유령이 된 할아버지	킴 푸브 오케손	에바 에릭손	김 영선	소년한길/2005
8	죽음은 돌아가는 것	다니카와 슌타로	가루베 메구미	최 진선	너머학교/2017
9	할아버지는 바람 속에 있단다	록산느 마리 갈리에즈	에릭 퓌바레	박 정연	씨드북/2015
10	할아버지는 어디 있어요?	콜레트 엘링스	마리알린 바뱅	이 정주	시공주니어/2020
11	할아버지의 시계	윤 재인	홍 성찬	*	느림보/2010

2) 할머니

번호	제목	글쓴이	그린이	옮긴이	출판사/연도
1	소년의 마음	소복이	소복이	*	사계절/2017
2	언제나 할머니와 함께	이케미 히로코	이케미 다미코	김 소운	작은책방/ 2002
3	오래 슬퍼하지마	글렌 링트베드	샬로테 파르디	안 미란	느림보/2007
4	위층 할머니, 아래층 할머니	토미 드 파올라	토미 드 파올라	이 미영	비룡소/2003
5	할머니 어디 있어요?	안 은영	안 은영	*	천개의바람/ 2019
6	할머니가 남긴 선물	마거릿 와일드	론 브룩스	최 순희	시공주니어/ 2000
7	할머니의 팡도르	안나 마리아 고치	비올레타 로피즈	정원정, 박서영	오후의소묘/ 2019

3) 아버지

번호	제목	글쓴이	그린이	옮긴이	출판사/연도
1	씩씩 해요	전 미화	전 미화	*	사계절/2010
2	고요한 나라를 찾아서	문지나	문지나	*	북극곰/2014
3	아빠 잘 있어요	하세가와요시 후미	하세가와요시 후미	고 향옥	사계절/2011
4	아빠가 내게 남긴 것	캐럴캐릭	패디 부머	지 혜연	베틀북/2000
5	영원한 이별	카이 뤼프트너	카트야 게르만	유 혜자	봄나무/2014
6	화가의 장례식	박 현진	박유승	*	델피노/2022

4) 어머니

번호	제목	글쓴이	그린이	옮긴이	출판사/연도
1	씩씩 해요	전 미화	전 미화	*	사계절/2010
2	나비엄마의 손길	크리스티앙 볼츠	크리스티앙 볼츠	이 경혜	한울림어린이/2008
3	보고 싶은 엄마	레베카 콥	레베카 콥	이 상희	상상스쿨/2011
4	무릎딱지	샤를로트 문드리크	올리비에 탈레크	이 경혜	한울림어린이/2010
5	엄마가 유령이 되었어	노 부미	노 부미	*	길벗어린이/2016
6	언제나 네 곁에	이루리	엠마누엘레 베르토시	*	북극곰/2020
7	엄마 마중	이 태준	김 동성	*	보림/2013
8	여우의 전화박스	도다 가즈요	다카스 가즈미	햇살과 나무꾼	크레용하우스/2000

5) 형제자매, 자녀

번호	제목	글쓴이	그린이	옮긴이	출판사/연도
1	내가 가장 슬플 때	마이클 로젠	퀸틴 블레이크	김 기택	비룡소/2004
2	달을 삼킨 코뿔소	김 세진	김 세진	*	모래알/2017
3	어젯밤에 누나하고	예프 애르츠	마리트 퇴른크비스트	강 이경	한마당/2015
4	여우의 전화박스	도다 가즈요	다카스 가즈미	햇살과 나무꾼	크레용하우스/2000
5	작별 인사	구드룬 멥스	욥 묀스터	문 성원	시공주니어/2019

6) 친구, 동물

번호	제목	글쓴이	그린이	옮긴이	출판사/연도
1	곰과 작은 새	유모토 카즈미	사카이 고마코	고 향옥	웅진주니어/2009
2	굿바이 마우지	로비H.해리스	잔 오머로드	햇살과 나무꾼	사파리/2002
3	굿바이 마이 프랜즈	오리하라 미토	전 미화	홍 성민	양철북/2014
4	내 작은 친구 머핀!	울프 닐슨	안나 클라라 티돌름	선우 미정	느림보/2003
5	내 친구 네이선	메리바	캐런A.제롬	신 상호	동산사/2014
6	내가 함께 있을께	볼프 에를브루흐	볼프 에를브루흐	김 경연	웅진주니어/2007
7	뼈다귀 개	에릭 로만	에릭 로만	김 소연	주니어김영사/2014
8	어느 날, 우리는	안 승준	홍 나리	*	사계절/2019
9	여우야 가지마	앨란 듀란트	데비 글리오리	채 정우	한국헤밍웨이/2014
10	여우야 안녕!	맬란 듀란트	데비 글리오리	채 정우	통큰세상/2014
11	오소리의 이별 선물	수잔 발리	소우 수수잔 발리	신 형건	보물창고/2009
12	이젠 안녕	마거릿 와일드	프레야 블랙우드	천 미나	책과콩나무/2010
13	파랑 오리	릴리아	릴리아	*	킨더랜더/2018
14	혼자 가야 해	조 원희	조 원희	*	느림보/2011

7) 기타

번호	제목	글쓴이	그린이	옮긴이	출판사/연도
1	잃어버린 영혼	올가 토카르추크	요안나 콘세이오	*	사계절/2018
2	나는 죽음이에요	엘리자베스 헬란 라슨	마린 슈나이더	장 미경	마루벌/2017
3	사탕	실비아 반 오먼	실비아 반 오먼	신 석순	사파리/2007
4	슬플 때도 있는 거야	미셸린느 먼디	R.W.앨리	노 은정	비룡소/2003
5	슬픔아 안녕	채 인선	정 은희	*	고래뱃속/2006
6	아이와 함께 나누는 죽음에 관한 이야기	얼 그롤먼	수산 아리샤이	정경숙, 신종섭	이너북스/2008
7	이럴 수 있는 거야?	페터 쉐소우	페터 쉐소우	한미희	비룡소/2007

저자 약력

신창호: 고려대학교에서 교육학과 철학을 공부하고, 한국학중앙연구원 한국학대학원에서 동서양철학 및 한국철학, 고려대학교 대학원에서 동서양 교육철학을 연구하였다. 현재 고려대학교 교육학과 교수로 재직하고 있으며, 한국 전통 사상을 비롯하여 동서양 고전의 현대 교육학적 독해 및 연구에 몰두하고 있다. 후학들에게는 교육학 및 한국 전통교육 사상을 강의하면서, 한국교육철학학회 회장, 한중철학회 회장, 한국교육학회 부회장 등 동양학 및 한국학, 교육학 관련 학회에서 활동하며, 한국전통교육의 현대적 의미를 성찰하고 재조명하는 데 관심을 쏟고 있다. 주요 논저로는 '사서의 수기론', '중용의 교육사상', '인간 왜 가르치고 배우는가', '공자평전', '노자평전', '공부 그 삶의 여정', '관자', '함양과 체찰' '주역절중' 등의 저역서가 있고 '유교의 학습철학', '유교의 자아실현관과 삶의 맥락' 등 다수의 논문이 있다.

백미화: 경희대학교에서 아동가족학을 전공한 후 미국 Eastern Michigan University에서 TESOL석사, 이화여대 사범대학 영어교육과에서 박사학위취득 후 고려대, 이화여대, 서울시립대 등에서 멀티미디어를 활용한 영어교수법을 가르쳤다. 10여 개 대학에서 교양영어를 담당하였고 우송대에서 교수로 역임하였다. 최근에는 고려대학교 교육학과에서 교육철학 박사학위 수료 중이다. 특히 동서양철학에서의 죽음이해교육, 애도철학교육 연구에 전념하고 있다. 미국 ADEC의 국제싸나톨로지스트(죽음학자) 자격증을 소지하고 있다. '언어교육을 위한 멀티미디어 제작과 활용', '노자도덕경: 교육의 시선으로 읽다', '인성교육의 프리즘', '삶의 성찰 죽음에게 묻다' 등을 공저하였으며, '죽음교육의 목적에서 탐색한 공자와 소크라테스의 죽음관' 등의 논문이 있다.

권선향: 서울교육대학교 윤리교육과를 졸업하고 서울에서 교직을 시작하였다. 동국대학교 대학원 불교학과에서 유학에 끼친 불교의 영향관계를 밝히는 박사논문을 썼다. 졸업 후 미국 Five College에서 Associate으로 연수한 뒤 동국대, 한국 외국어대학교 등에서 동양철학을 가르쳤다. 이후 고려대학교 대학원에서 교육철학 박사과정을 수료하고 현재는 서울삼선초등학교 교사로 근무 중이다. 주요 관심사는 관계성을 통한 인성개념과 인성교육, 죽음이해 교육, 종교교육 등이다. 미국 ADEC의 국제싸나톨로지스트(죽음학자) 자격증을 소지하고 있다.

우버들: 건국대학교에서 교육공학을 전공하고, 교육회사에서 방송통신고, 평생교육원, 사이버대 등의 온라인 콘텐츠를 기획하고 설계하는 업무를 담당하였다. 그 후 고려대학교 대학원에서 교육철학 석사학위를 마치고 박사과정을 수료하였다. 현재 고려대학교 교육문제연구소 연구원으로 동양 고전의 현대 교육학적 연구를 비롯한 다양한 교육문제에 관심을 기울이고 있다. '『사서집주』에 드러난 교–학의 관계 고찰', '노자『도덕경』에 담긴 포용교육 고찰', '특성화고 미래인재전형 담당교사들의 역량모델 연구' 등의 논문이 있다.

감수자 약력

임병식: 한국싸나톨로지협회 이사장
　　　　고려대학교 지혜과학연구소 죽음교육연구센터장
신경원: 한국싸나톨로지협회 부회장
　　　　고려대학교 지혜과학연구소 죽음교육연구센터 수석연구원

죽음이해를 통한 생명존중교육 워크북

초판발행   2022년 7월 30일

지은이   신창호 · 백미화 · 권선향 · 우버들
펴낸이   노 현

편 집   배근하
표지디자인   BenStory
제 작   고철민 · 조영환

펴낸곳   ㈜ 피와이메이트
                서울특별시 금천구 가산디지털2로 53, 한라시그마밸리 210호(가산동)
                등록 2014. 2. 12. 제2018-000080호
전 화   02)733-6771
f a x   02)736-4818
e-mail   pys@pybook.co.kr
homepage   www.pybook.co.kr
I S B N   979-11-6519-286-0   93370

copyright©신창호 · 백미화 · 권선향 · 우버들, 2022, Printed in Korea

정 가   19,000원

박영스토리는 박영사와 함께하는 브랜드입니다.